Louis-Marie RÉAUD

Des petits cailloux dans les volets

sur les chemins vers la liberté.

RÉCIT

Les Presses du Midi

Couverture : photo de l'auteur à 22 ans.

Impression PDM

---

121 avenue d'Orient - 83100 Toulon
Tel. : 04 94 16 90 20 - Fax : 04 94 16 90 29
Dépôt légal novembre 2003
ISBN : 2-87867-514-2

PÉRILLEUSE TRAVERSÉE DES PYRÉNÉES...

La décision du 31 mai 1943, relative au Service du Travail Obligatoire en Allemagne - décision soi-disant de Vichy - visait toute la classe 1942, sans exception.

Quel est le jeune Français de cette classe qui ne se souvient des premiers jours de juin, où il fallut se résigner, résister ou s'évader, de ces jours pénibles, où, pour ma part, je pris une grave décision : mon frère et moi avions décidé de quitter la France pour l'Afrique du Nord en passant par le territoire espagnol, répondant ainsi tardivement il est vrai, à l'appel du Général de Gaulle.

Je ne voulais à aucun prix partir pour le Reich. En Allemagne, un Français libérait un ouvrier, c'était un combattant de plus sur le front. En Afrique, un jeune Français de plus dans l'armée, c'était donner une petite chance de plus, pour forger la victoire des Forces Alliées.

Depuis près de trois mois, je me cachais dans une ferme de Gascogne, à l'abri, croyais-je, de toute menace. J'avais, fin février, « oublié » de répondre à ce fameux recensement obligatoire pour tous les jeunes Français.

La décision du 31 mai bouleversa ma quasi tranquillité d'ouvrier agricole. Employé aux travaux des champs dès les premières lueurs de l'aube, il fallait que je me plie à la bonne volonté, plus ou moins évidente d'une paire de bœufs. Ensuite, je cueillais les cerises et je finissais la journée en gar-

gardant le troupeau. Un jour, le métayer commit l'erreur de m'envoyer chercher le pain au village. À la campagne tout se sait, très vite. Des fils de cultivateurs, de mon âge, avaient pris le chemin de l'Allemagne, répondant ainsi à l'appel du Gouvernement de Vichy. Ma présence suspecte, dans la métairie du château fut sans doute rapportée à la gendarmerie. Moins de quarante-huit heures plus tard, nous eûmes la visite de deux gendarmes.

La ferme et le château étant construits sur le coteau dominant la vallée de la Garonne, j'ai eu la chance de les voir arriver de loin. Montant le chemin empierré, à pied, le vélo à la main, ils s'arrêtèrent à plusieurs reprises pour s'essuyer le visage, car il faisait bien chaud ce jour-là. Après avoir rassemblé quelques objets personnels, je fis rapidement mes adieux au métayer et, sans attendre, je sautai sur mon vélo pour disparaître à travers les bosquets voisins. Je regagnai le domicile de mes parents en évitant les contrôles allemands, disposés sur les accès principaux de la ville.

C'est en famille que l'on fit le point sur cette situation nouvelle.

Les jours qui suivirent furent pénibles pour mes parents. Je ne pouvais ni sortir ni me montrer aux fenêtres, car pour mes voisins, j'étais parti depuis longtemps. Je me souviens avoir tracé, à la craie blanche, une ligne devant chaque fenêtre du premier étage, pour délimiter la zone à partir de laquelle j'étais visible des propriétés voisines. Cette situation ne pouvait s'éterniser.

En ville, ma mère apprit qu'un jeune homme d'Agen, avait tenté de franchir la frontière espagnole avec le concours d'une organisation de la région, mais que lors de sa première tentative, il avait échoué. Mon père fut mis en relation avec un certain Monsieur B, comme nous, réfugié du Nord.

Il était pour ainsi dire le représentant d'une filière de passage vers l'Espagne pour le secteur agenais.

Son but : recruter des jeunes gens qui voulaient se soustraire au Service du Travail Obligatoire. Le secret assurait la bonne marche et la réussite de toutes ces entreprises clandestines, c'était le facteur le plus important pour franchir la zone interdite des Pyrénées, et pour passer au travers des filets de la Gestapo, filets qui devenaient de plus en plus serrés.

Un premier départ, pourtant bien préparé, échoua. Il fallut attendre de nouvelles instructions. Nous étions ce jour-là le mercredi 9 juin, le vrai départ eut lieu le vendredi 11 à sept heures.

Je conserve de ce jour, le plus pénible de mes souvenirs. Ce départ en pleine guerre, vers l'inconnu, fut très dur pour mes chers parents, mais il fallait en passer par là. Devant la situation présente, nous n'avions pas de meilleur choix.

Je revois encore le petit sentier, le raidillon, comme on l'appelait, que nous descendîmes, mon frère et moi, pour gagner la gare, un dernier signe de la main et mes parents sur le seuil de la grille disparurent à nos yeux. Je ne crois pas que notre descente du coteau avec nos sacs tyroliens sur le dos ait été remarquée par le voisinage. Suivant les ordres reçus, Jacques prit les billets pour Tarbes, et nous sommes montés tous les deux dans le wagon où se trouvait le compartiment de la poste.

Le jeune homme Jean d'Agen qui avait échoué lors de sa première tentative nous rejoignit, mais nous devions ignorer sa présence.

Après plus de vingt minutes de lentes manœuvres en gare, le train de messagerie partit enfin.

La campagne verdoyante, tout imprégnée d'un soleil matinal, défilait sous nos yeux, la brume, en écharpe, planait encore sur la vallée de la Garonne, lorsque nous la traversâmes peut-être pour la dernière fois.

Dans le soleil levant, j'aperçus, à contre-jour, la silhouette estompée du domaine qui me « cacha » pendant plusieurs mois : ferme et château, tous deux flanqués sur le coteau dominant le fleuve, agréable lieu dont j'emportais le meilleur souvenir malgré un dur labeur.

Mon cœur se serra, à la pensée de ces jours écoulés au milieu des champs, jours d'une jeunesse qui ensuite fut beaucoup moins rieuse et tranquille. Je cessai cette méditation, car je venais d'apercevoir au fond du wagon, d'autres jeunes, d'autres hommes portant sacs ou musettes, à l'allure un peu étrange avec leur barbe de dix jours. Je pensais en les observant avec discrétion « voilà des candidats pour la liberté qui arrivent de loin ».

Layrac, Astaffort, autant de noms que de récents souvenirs, le train s'acheminait, sans trop se presser vers Auch. Je redoutais un coup dur, même si derrière ma revue, je paraissais calme. En fait, j'étais inquiet, je ne lisais pas.

Je pensais à ma carte d'identité « falsifiée » qui me rajeunissait de deux ans. Classe 44, on pouvait circuler ! Mais verrait-on que 1922 s'est habilement transformé en 1924 ?

Attention, le train ralentit : voici Auch.

Dans cette gare, nous devions prendre le chef de l'organisation, un personnage mystérieux : l'homme au short kaki, Monsieur De C, un ancien officier de char. Dès l'instant où nous serions entrés en contact avec lui, les ordres précédemment donnés ne pouvaient plus être valables, de lui, désormais dépendait directement notre sort.

Le train s'immobilisa dans la gare d'Auch. Sans montrer une excessive curiosité, je cherchais parmi la foule des voyageurs sur le quai, la silhouette de ce personnage, si précieux pour nous. Des minutes passèrent. Des voyageurs descendaient, d'autres remontaient, un gamin criait les journaux du matin, des journaux aux énormes titres, sans intérêt pour moi. Il fallait savoir si le Chef serait là. Sans son appui, il nous était impossible d'aller plus loin, il était même prévu de faire demi-tour en cas d'échec.

Son signalement nous avait été donné, ainsi que les premières instructions : « homme, quarantaine d'années, lunettes noires, short kaki. Vous le suivrez, et il vous donnera les instructions nécessaires pour la poursuite du voyage. Sinon, faites demi-tour à Tarbes. »

Je commençais à m'inquiéter sérieusement, le train s'ébranlait poussivement. Personne ! Que faire ?

Soudain, surgissant de je ne sais où, l'homme au short kaki refermait calmement la portière. Il était grand temps. Je poussai un soupir de soulagement tout en esquissant un sourire complice avec le nouvel arrivant. D'un coup d'œil circulaire, il reconnut son monde, question d'habitude sans doute, il n'était certes pas à sa première expédition (il nous confiera, par la suite, que nous étions les trois cent cinquantième et quelques à qui il avait fait franchir la zone interdite des Pyrénées, depuis Port Vendres, jusqu'à Lourdes).

Sa présence nous rassura, cet homme énergique paraissait sûr de son entreprise audacieuse, nous étions dans de bonnes mains. Un par un, il nous dévisagea, très adroitement en tirant sur une grosse pipe, ce qui lui donnait bonne contenance. Il me jeta un regard, signifiant : « courage tout va bien ».

Je me décidai à aller fumer une cigarette dans le couloir, il s'approcha de moi tranquillement, m'offrit du feu, et à voix basse me dit : « Vous venez d'Agen ? »

Je fis signe que « oui ». Nous n'avons rien de plus à nous dire. Mon regard se promenait sur cette campagne, où les pâturages sont si verdoyants en cette saison. Ici des bœufs du Gers paissaient en toute tranquillité - malheureusement destinés en grande partie au Reich -, là un aérodrome, montrant son terrain mutilé par de nombreuses tranchées, pour répondre à toute éventualité. L'homme au short kaki, me tira de ma contemplation :

- Vous descendrez au prochain arrêt. Rendez-vous dans le premier compartiment du wagon suivant.

Je retournai à ma place pour avertir mon frère le plus discrètement possible. Le voyage était interminable, une véritable brouette. Qu'il faisait chaud et lourd ! Où serons-nous ce soir? Pourvu que tout marche bien, avec ces boches! Pendant ce week-end, nous ne faisions pas un voyage d'agrément! J'étais plongé dans ces réflexions lorsque le train ralentit pour s'arrêter devant un embryon de gare en pleine campagne; les habitués devaient connaître car ils descendirent, et se dirigèrent vers un débit de boissons à deux cents mètres de la voie ferrée.

Le train repartit pour effectuer une manœuvre fort compliquée. J'étais descendu pour respirer un peu d'air frais, la rame tardant à revenir, j'invitai mon frère à venir se rafraîchir au café.

- N'y allez pas!

Me retournant, j'aperçus l'homme au short kaki qui bourrait sa pipe à courte distance. Il haussa les épaules :

- Puis après tout, faites ce que vous voulez!

Quelle imprudence! Nous étions huit candidats à l'évasion autour du comptoir. Il ne fallait pas être de la Gestapo pour deviner que ce groupe d'hommes, était en route pour la frontière libératrice!

Cependant, tout se passa de la meilleure façon. Le train revint à quai, et l'on prit possession du premier wagon qui suivait celui de la poste. Nous étions tous là. L'homme au short kaki présida cette réunion clandestine. C'était audacieux, il suffisait de la visite d'un policier pour que nous fussions pris comme dans une souricière. Dieu sait si les contrôles d'identité étaient nombreux à cette époque ! Pourquoi essayer d'attirer l'attention, en se tassant dans un compartiment ? Je me voyais déjà pris sans avoir pu lutter.

Monsieur de C parla assez longtemps tout en gardant son sourire énigmatique, il nous posa toute une série de questions visant à mieux nous connaître ; certains candidats à l'évasion lui posèrent quelques pertinentes questions sur ses activités. Il parla de lui avec une grande modestie, mais resta très discret sur ses dernières aventures. Il avait été sur le point à plusieurs reprises d'être pris par la Gestapo, en essayant de faire passer des groupes de jeunes à Elnes, Puymorens, Luchon… Chaque fois qu'il se sentait découvert, il s'éloignait progressivement de la Méditerranée pour recommencer.

- Je suis connu de la Gestapo, dit-il, non sans fierté ! Quand le terrain deviendra trop brûlant, je quitterai le sol français, mais il me reste encore du travail jusqu'à Biarritz. Maintenant, je vous donne mes dernières instructions. À Tarbes… vous allez prendre un billet pour Lourdes. À Lourdes, vous allez prendre un billet pour Argelès-Gazost. C'est la dernière gare accessible avant la zone interdite. J'ajoute que la condition essentielle de votre sécurité, donc de votre réussite, est la suivante : vous devez vous ignorer mutuellement, vous ne connaissez personne ! »

Je conserve de ce compartiment et de ces personnages, comme un tableau ineffaçable. (Je devais apprendre bien après la guerre que l'homme au short kaki avait été arrêté par les Allemands et qu'il était mort en déportation).

À Tarbes, comme prévu, Jacques prit les billets, nous montâmes dans la rame en partance pour Lourdes. Sur le quai, un jeune homme échangea quelques paroles avec Monsieur de C, puis monta dans le compartiment voisin. Nous apprendrons par la suite que ce jeune homme, fils d'une noble famille et étudiant à Paris, était recherché par les Allemands.

Le voyage se poursuivit sans incident notable. À Lourdes, je descendis du train, non sans quelques émotions : je revenais en ce lieu de pèlerinage, un an après ma première visite avec mes chers parents. Un an déjà ! Je ne songeais pas, il est vrai, y revenir en pareille circonstance. Je revoyais le Pic du Ger, le Béou, le Pibeste qui encadrent si joliment la ville. Que de souvenirs, de belles heures passées en famille, et cette ambiance très émouvante aux abords de la grotte.

Le temps des méditations passé, il fallait de nouveau s'occuper des billets. Attente de dix minutes avant le départ du train électrique en direction de Luz. Nous n'étions pas pressés, mon frère prit les billets au dernier moment, ce qui provoqua un très fâcheux incident. En effet, après avoir emprunté le passage souterrain pour gagner le quai, quelques minutes avant le départ, mon frère fut interpellé par deux gendarmes, ainsi que le jeune homme d'Agen.

- Messieurs, vos papiers, s'il vous plaît !

Les pandores avaient dû m'oublier, me trouvant à quelques pas seulement de mon frère. Cependant, je n'avais pas voulu monter seul dans le train ; je pouvais aussi attirer l'attention en m'écartant du groupe, ayant peut-être déjà été repéré. Je compris qu'il était préférable de rester, par diplomatie non loin des gendarmes, plutôt que de fuir.

Le brigadier me fit signe d'approcher. Immédiatement, je lui donnai ma carte d'identité. Le gendarme regarda, retourna à plusieurs reprises cette fameuse carte truquée. Comédien, je devais donner la nette impression de la plus parfaite assurance, tandis qu'en moi montait une indignation légitime. Le train était prêt à partir, un coup de sifflet nous le fit comprendre. Les représentants de la loi prirent note de nos noms et de la destination de notre voyage.

- Où allez-vous ainsi ?

- À Beaucens.

- Si près de la frontière, c'est louche ! Chez qui ?

- À l'hôtel thermal, répondit Jacques avec beaucoup d'hésitation.

- Que faire ? C'est pas clair !

- Passer nos vacances de Pentecôte. Regardez, le train va partir ! s'écria soudain, mon frère.

- Vous prendrez le prochain demain matin.

- Nous voudrions...

- N'insistez pas, lança le brigadier en se fâchant, si vous continuez, vous coucherez au poste. Vous me faites rire, aller à l'hôpital thermal de Beaucens, pour passer vos congés, enfin voyons, faut pas vous foutre de moi. On y soigne les maladies de la femme, les salpingites, les métrites, que sais-je, allez, on va procéder à un contrôle approfondi de votre identité.

Et le train s'en alla.

Mon frère monta comme une soupe au lait, et devint menaçant. Discrètement, je lui donnai un coup de coude, cependant, il s'écria :

- Vous avez réussi, le train est parti, c'est un jour de perdu, en voilà des façons !

- Allez, tous les trois suivez-moi et pas d'histoire, conclut énergiquement le brigadier.

Les gendarmes nous ramenèrent dans la gare. Ils se consultèrent un instant, et nous conduisirent dans une sorte de salle d'attente.

- Donnez-moi vos cartes d'identité, nous allons téléphoner directement à la préfecture d'origine, on verra bien.

Cette scène n'avait pas eu que des spectateurs indifférents, l'homme au short kaki l'avait suivie; il alla chercher sa bicyclette qui l'avait accompagnée dans le train et quitta la gare.

Dans la salle d'attente, je devais avoir le visage décomposé, je connaissais la peur. La Préfecture du Lot-et-Garonne donnerait ma date de naissance réelle, on verrait alors la falsification de la carte, je serai remis aux autorités allemandes, et déporté dans les camps nazis.

La peur au ventre, j'examinai les lieux. Une grande double porte vitrée donnait sur la place. M'approchant d'elle, je m'aperçus qu'elle n'était pas fermée. La tirant vers moi elle s'ouvrit !

- Jacques, filons, c'est notre dernière chance...

M'adressant au jeune d'Agen :

- Allez, venez avec nous, je ne suis pas en règle. Il faut absolument, que je parte !

Ayant regardé à gauche et à droite en sortant de la gare, et jugé la situation favorable, je fis un léger signe de tête à mon frère. De suite, j'aperçus un taxi à quelques mètres de notre sortie, et très calmement, je me dirigeai vers lui. Surprise, une femme était assise au volant.

- Madame, pouvez-vous nous conduire à Beaucens ? Nous sommes trois.

- Montez derrière, posez vos sacs sur le siège avant. Faites vite !

Le taxi démarra, traversa la place de la gare, et prit la direction de la ville. Mon cœur battait fort, une sueur froide perlait sur mon front. Cette évasion réussie de la gare m'inquiétait, à se demander si les gendarmes français, ne se trouvaient pas dans l'obligation de faire du zèle, vis-à-vis de la police allemande, et qu'ils donnaient une chance aux jeunes français tentés par l'évasion. De plus en quittant la place, il m'a bien semblé reconnaître la silhouette de l'homme au short kaki sur son vélo, examinant discrètement notre montée dans le taxi. Plus mystérieux encore, la présence de cette femme conductrice du taxi :

- Je vais demander à deux d'entre vous de se baisser, je vais traverser une partie de la ville, il y a beaucoup d'Allemands, et il n'est pas prudent de se faire remarquer, trois jeunes dans un taxi, c'est trop !

- Que supposez-vous Madame, nous ne sommes que des touristes, protesta gentiment mon frère.

- Pour sortir de Lourdes, je vais faire un crochet par les quartiers extérieurs, afin que vous ne soyez pas soumis au contrôle de la route nationale, la police allemande n'aime pas les touristes de votre genre qui fréquentent un peu trop, en ce moment, la zone interdite.

Un silence régnait maintenant dans la voiture. Il n'y a pas de doute possible, cette femme connaît bien les raisons de notre voyage, et qui sait les relations qu'elle pouvait avoir avec la filière que nous empruntions !

- D'habitude, c'est mon mari qui conduit le taxi. Quand il y a un peu plus de danger, c'est moi qui prends la voiture. Les Allemands sont plus aimables avec les femmes, ils plaisantent toujours un peu avec moi, et ils me laissent passer plus facilement.

L'auto s'engagea dans la vallée du Gave de Pau entre le Mont Béou et le Pic du Jer, en direction d'Argelès-Gazost. La vallée bien encaissée, couverte de forêts et de pâturages, offre de magnifiques tableaux. Assis confortablement, je ne jouissais pourtant pas du spectacle, j'étais trop absorbé par les derniers événements et par l'aventure qui commençait... Cela devenait effectivement sérieux.

Sur la petite route, à gauche du torrent qui maintenant s'enfonçait en direction de Beaucens, le taxi croisa successivement des petits groupes de jeunes, descendus sans doute à la gare d'Argelès-Gazost et se rendant à pied à notre lieu de ralliement. Malgré l'incident de la gare de Lourdes, nous allions arriver avant eux !

Le taxi s'arrêta quelques centaines de mètres plus loin, devant la grille du parc de l'Hôtel. Après avoir réglé la course et remercié du fond du cœur cette femme dévouée, nous nous dirigeâmes tous les trois vers l'entrée, sorte de brèche dans la ceinture boisée qui entoure si joliment la propriété.

Au fond du parc, comme sur le bord d'une cuvette, se dresse le bâtiment principal entouré des premiers arbres d'une colline boisée. Des chiens aboyèrent, des domestiques vinrent au-devant de nous, on nous dirigea en longeant les murs du sous-sol, vers la porte d'un cellier.

- Les clientes devaient ignorer votre présence, vous deviez arriver par l'entrée de service, nous confia le gérant d'une voix basse mais pleine de reproches.

Hélas, l'arrivée des jeunes candidats à l'évasion se fit par paquets au travers du parc, ce qui suscita la curiosité des curistes attablées dans la grande salle à manger dominant le jardin. L'homme au short kaki avait fait très vite, puisqu'il nous rejoignit, lorsque nous fûmes invités à quitter les caves, pour monter dans l'établissement. Par une suite de couloirs, et d'escaliers de service, une femme de chambre nous conduisit sous les toits dans une grande pièce où nous devions trouver attablés huit jeunes qui finissaient de se restaurer assis autour d'une grande table pleine de victuailles.

Ils se levèrent pour nous serrer la main, un seul mot avait été prononcé, et nous avions fait connaissance.

- Nous aussi...

- Vous partirez tous ensemble, cette nuit quand le guide sera là, nous confia Monsieur de C.

On s'installa. Nous étions une quinzaine maintenant. On nous servit une collation, la conversation s'anima.

L'hôtel, centre clandestin de ralliement hébergeait les candidats à l'évasion, quelques heures seulement avant le départ d'un convoi en direction de la frontière. Le groupe était accompagné par un guide qui était parfaitement au courant des mouvements des patrouilles allemandes qui circulaient dans la vallée en direction de Gavarnie.

Oui, nous étions là, fuyant l'envahisseur, portant en nous le même idéal, prêts à affronter les derniers obstacles libérateurs.

Ces jeunes venaient de tous les coins de France et même de Belgique. Nous avions repris des forces et attendions l'ordre du départ, non sans impatience.

Dans un coin retiré de la salle, l'homme au short kaki et le docteur directeur de l'établissement, un résistant de la première heure, paraît-il, entamèrent une longue conversation. Un profond silence s'établit. Nous étions émus et attentifs, certains énervés, car le temps s'écoulait et nous étions toujours dans l'attente d'un ordre qui ne venait pas. En ce qui me concerne, j'étais inquiet, je redoutais toujours l'arrivée inopinée des gendarmes alertés par notre fugue de la gare de Lourdes. De plus, ceux-ci connaissaient notre point de chute, puisqu'ils avaient réagi à l'annonce de notre destination : un Hôtel thermal bien spécialisé. Conclusion, il était grand temps de partir... de se plonger dans la nuit noire très propice à notre genre d'excursion.

Onze heures trente ! Les guides nous attendent sur la route. Nous saluons notre hôte, remercions une dernière fois notre « Chef, l'homme au short kaki », et descendons silencieusement les petits escaliers de service, avant de nous engloutir dans la nuit profonde. Réellement l'aventure commençait !

Fort heureusement la lune avait disparu, de gros nuages achevaient de parfaire l'obscurité, c'était une de ces nuits noires et profondes que le printemps nous réserve. L'un derrière l'autre, en file indienne, nous avancions le long de la route, silhouettes mystérieuses, fuyant vers le Sud. Devant nous, à vélo, un guide surveillait la progression, un autre fermait la marche. Suivant les consignes reçues, nous devions maintenir entre nous, une distance d'une vingtaine de mètres, et, si un éventuel danger, patrouille, piétons, voiture, nous était signalé par le guide à vélo, celui-ci revenant sur ses pas, nous avertissait par des signaux rapides avec son phare, il fallait immédiatement quitter la route pour se planquer dans la nature.

Nous avions parcouru à peine trois kilomètres, lorsque le guide passa rapidement : « cachez-vous ! » Notre groupe disparut comme par enchantement dans les buissons, le fossé, les abords immédiats de la route. Je me rappelle avoir plongé dans un buisson épineux, et me retrouver très surpris à côté de mon frère. Les minutes passèrent terriblement longues, mon sac tyrolien me gênait, j'aurais aimé bouger. Un groupe de cyclistes passa (des Allemands sans doute), la première alerte était terminée... La marche reprit, les distances qui séparaient les gars prirent de grandes proportions, je ne voyais plus dans cette obscurité, la silhouette de Jacques qui me précédait.

Une auto surgit d'un des virages serrés. En moins de temps qu'il faut pour le dire, je fis une embardée de cascadeur me retrouvant à plat ventre dans un trou d'eau, à quelques mètres du Gave. Les phares balayaient les bas-côtés de la route, un instant j'eus la nette impression que notre aventure allait se terminer ici. Le régime ralenti du véhicule nous laissa supposer qu'il s'agissait d'une voiture allemande effectuant une ronde. Se sentir pris dans un faisceau lumineux est simplement terrifiant.

J'avoue avoir poussé un grand soupir de soulagement, lorsque la voiture disparut lentement dans la nuit noire.

Je devais connaître une alerte beaucoup plus angoissante. En effet le danger me fut signalé, lorsque, passant à la hauteur d'un bosquet, j'entendis une voix étouffée me dire « attention... devant ». Immédiatement je me couchai sur le bord de la route, m'affalant dans les hautes herbes. Il était temps ! Au même instant, un détachement de soldats allemands débouchait du virage, leurs pas lourds, rythmés, résonnaient dans la vallée endormie. Je me trouvais à cinquante centimètres de la chaussée, à quelques mètres des premiers buissons protecteurs. Il était trop tard pour améliorer ma position, j'étais très mal caché, plus exactement, je ne l'étais pas du tout.

Je formais, avec mon sac à dos de couleur claire, une silhouette qui devait se détacher des eaux du torrent. « Ils » approchaient, leurs pas précipitaient les battements de mon cœur. Se lever, courir, fuir? Non, trop tard! Une seule chance, rester immobile, comme un bloc de rocher détaché de la montagne, et qui a roulé là, par hasard.

Un faisceau lumineux jaillit d'une lampe de poche, et effectua une perquisition sur les bas-côtés de la route. La vie, c'est aussi une question de chance. Si le faisceau m'avait découvert, je ne serais plus de ce monde pour vous faire vivre ce récit. Mon compte était bon, ainsi que celui de mes camarades, dans le cas d'une arrestation en zone interdite, c'était le peloton d'exécution ou la déportation.

La patrouille allemande, au pas cadencé, s'enfonça dans la nuit. Le silence envahit peu à peu la vallée, seul le bruit des eaux tumultueuses du Gave mettait une note de vie à ces angoissantes ténèbres.

Regroupée, notre troupe au complet traversa un petit village endormi, sans aucune lumière, tel un décor sans vie. Malgré le calme qui régnait, il fallait redoubler d'attention, une seule rue traversait le hameau, et pouvait être le lieu d'une fâcheuse rencontre.

Le village franchi, nos convoyeurs s'arrêtèrent deux cents mètres environ après la dernière habitation.

« C'est là ! dit l'un d'eux en désignant un bosquet. Cachez-vous dans ces arbustes, quand il sera une heure trente précise, un camion s'arrêtera à proximité, les phares s'éteindront, à ce signal vous devrez monter rapidement à bord. La voiture doit vous conduire au prochain rendez-vous fixé par le guide pour vous emmener en montagne. Allez, bonsoir les gars, et bonne chance ! » Les ordres reçus étaient simples et concrets. Il fallait attendre un bon quart d'heure, nous nous disposâmes dans les broussailles de notre mieux, ce premier repos fut apprécié. Nous écoutions les rares bruits qui montaient de la vallée. Le grondement d'un barrage sur le torrent, le bruit rythmé d'une usine hydroélectrique. Le roulement d'une voiture toute proche me fit frissonner, des phares balayèrent les dernières maisons du village de leurs faisceaux à demi-camouflés, des peupliers brusquement éclairés jaillissaient de l'obscurité. Les phares s'éteignirent, la nuit victorieuse nous paraissait encore plus profonde.

- Serait-il déjà là ?

- Oui, c'est notre camion.

Une ombre sortit du véhicule, et se dirigea vers le bosquet.

- Debout les gars, en voiture, et vite si vous ne voulez pas tomber sur la prochaine patrouille, par l'arrière du camion, vite. Je vous donne les instructions pour le voyage : si le chauffeur freine brusquement, danger ! Alors vous sauterez et vous disperserez dans la nature. Ne vous occupez surtout pas du reste.

Le camion bâché prit rapidement de la vitesse, s'engagea sur la route en direction de Luz-St-Sauveur. Les phares sortaient de l'ombre des rochers et des arbres, fantômes embusqués dans cette étrange nuit. Tous les regards étaient rivés dans une même direction, la route. Elle nous conduisait certes à notre salut, mais pouvait nous conduire aussi à notre fin. Le camion et son précieux chargement bondissaient sur la chaussée en direction de Gavarnie, contournant les masses rocheuses, frôlant la montagne ou les rives dangereuses du Gave.

En montant dans le véhicule, j'avais confié à mon frère : « C'est le meilleur moyen de se faire prendre, un camion de jeunes Français en zone interdite, une colonie de rats dans un panier, pris au piège. »

Le temps s'écoulait, personne ne songeait à évaluer la distance parcourue, on s'occupait de la route, les phares pouvant dénicher d'une seconde à l'autre, un barrage, une voiture, une patrouille, voire un guet-apens.

Il est facile d'imaginer le réel danger que nous réservait ce transport nocturne, dans cette vallée bien encaissée étroitement surveillée par les autorités allemandes, si le camion s'arrêtait, il me paraissait impossible de gravir la paroi abrupte de la montagne, ou de fuir dans les eaux rapides du torrent, sous le feu nourri des armes automatiques. Notre sort serait vite réglé.

Mais ce périlleux voyage se termina sans incident, le camion ralentit, le chauffeur éteignit les phares, tourna sur la droite, pénétra dans un petit sous-bois, s'arrêta devant une cabane de bûcheron, aucune lumière, aucun signe de vie.

Lorsque je mis pied à terre, où plutôt dans la boue, tout en réajustant mon sac à dos, j'aperçus un grand diable d'homme appuyé contre la porte, fumant la pipe, nous regardant en affectant un air d'indifférence. De la cabine une voix s'éleva :

- Voici votre guide pour l'étape de montagne. Je vous dis « bonne chance » les gars !

Tout ceci allait décidément très vite, en un instant, par une manœuvre habile, le camion avait rapidement disparu dans la nuit. Le silence retomba paisiblement sur nous et nous fit du bien. Nous étions soulagés, cette promenade nocturne avait tendu nos nerfs. On percevait encore au loin le bruit du moteur, près de nous, dans la vallée, quelques cris d'oiseaux brusquement réveillés, derniers échos d'un mystérieux tapage nocturne.

Le nouveau guide s'approcha de nous, il consulta sa montre en l'éclairant de son briquet.

- 2 heures 10, il est temps de partir, il faut être à la hauteur de Gèdre demain vers les 10 heures. Il y a du chemin à faire, aussi j'espère que vous êtes suffisamment solides pour affronter la montagne…

Et comme nous restions silencieux et immobiles, il ajouta : « Vous êtes prêts ? Partons ! »

Le groupe de fugitifs s'ébranla lentement, la formation en file indienne derrière le guide se réalisa, j'allais dire automatiquement, du fait même de l'étroit chemin au travers d'une forêt de jeunes sapins. On s'élevait lentement serpentant sur le versant de la montagne, dans la nuit profonde, suivant aveuglément le copain qui nous précédait. Dans le grand silence, seul nous parvenait le bruit lancinant des turbines d'une centrale, implantée sur le Gave. Cette ascension était ponctuée d'incidents mineurs dus essentiellement aux obstacles rencontrés, pierres, racines, dénivellations, qu'il était impossible de déceler étant donné l'obscurité et le silence que nous nous étions imposés. Mais les chutes et les pertes d'équilibre finissaient par saper ma résistance physique.

Cette longue marche devait durer toute la nuit, avec quelques arrêts pour le repos bien sûr, mais aussi pour permettre au guide d'effectuer la reconnaissance des lieux, et s'assurer de la sécurité du sentier emprunté.

La forêt, qui nous sert de protection aux observateurs placés aux points clés de la vallée, n'est pas continue. De larges zones herbeuses nous laissent à découvert, la lune avait disparu et le ciel était chargé de nuages. « Il faut profiter de la nuit pour avancer le plus possible vers la frontière, nous confia notre guide, nous devons contourner Gèdre, demain, dans de bonnes conditions, c'est le point le plus délicat du voyage. Gèdre est un village aux confins de deux vallées, l'une est parcourue par le Gave de Gavarnie, l'autre par le Gave de Héas. »

Ces étroites vallées débouchent sur des cirques imposants et majestueux, comme celui de Gavarnie, d'Estaubé, de Troumouse. Les hautes cimes de ces différents cirques constituent la frontière naturelle, véritable muraille entre la France et l'Espagne.

« Les Allemands, nous précise le guide lors d'une halte, ont concentré à Gèdre un nombre imposant de soldats, de chiens, d'équipements de montagne, contrôlant ainsi l'accès aux grands cirques naturels. »

La marche reprend. Mes forces me trahissent. Les provisions de bouche préparées avec amour par ma mère, sont épuisées. Pas à pas je gravis la montagne avec la conviction profonde que notre préparation, en ce qui concerne Jacques et moi, pour le franchissement des Pyrénées, a été envisagée comme une simple excursion touristique. Le sac à dos bourré de vêtements de qualité est bien trop lourd. « Prends tes plus belles chemises, tes pulls légers, ton écharpe de laine », disait ma chère maman, et pour me faire plaisir j'ai pris un livre d'anglais et mon harmonica. Et tout cela pèse de plus en plus lourdement. Mon costume de ville est vraiment inadapté, la semelle lisse de mes chaussures de citadin glisse sur l'herbe mouillée, je sens déjà à travers elle, les aspérités du sentier. Je transpire malgré la fraîcheur de la nuit, et je commence à avoir l'obsession du remplissage de ma gourde à chaque petit torrent.

- Ne buvez pas ainsi, me confia à voix basse le guide, vous allez vous couper les jambes.

Il faut tenir. Inlassablement, pas après pas, on s'élève contournant les obstacles, on a même parfois la désagréable impression de tourner en rond, de revenir sur ses pas.

Le jour se lève à l'horizon, les sommets enneigés, sous le feu de l'astre naissant, perforent la nuit dans toute leur beauté virginale, le ciel se gorge de nébulosités de tons pastel, les vallées se cachent encore timidement dans leurs voiles de brumes matinales. Dans un pli de terrain, à l'abri de tout regard, c'est un arrêt pour le casse-croûte du petit matin; je nous compte pour la première fois : nous sommes vingt-deux, plus le guide. Je découvre enfin le visage de notre berger, cet homme est d'ailleurs un vrai berger de la région qu'il connaît parfaitement. Berger le jour, il est passeur d'hommes la nuit. Ensemble nous allons partager les vivres restants dans les sacs et musettes. Nous mangeons silencieusement. Le lever du jour pour ce groupe de jeunes en cours d'évasion, est un instant solennel : demain, ils seront soit des hommes libres, soit des prisonniers, bons pour les camps allemands. Tout se joue dans cette journée du samedi 12 juin 1943, ils n'ont pas le droit à l'erreur. Les Allemands sont conscients des tentatives d'évasion et postés aux points stratégiques, routes, ponts, sentiers de randonnées sur de nombreux belvédères naturels, reliés entre eux par radio, il faut donc traverser cet imposant dispositif sans être aperçus. Tenir compte aussi des patrouilles, des sentinelles et de leur relève, pour toutes ces choses il fallait faire une confiance totale à notre guide inconnu, dont nous venions à peine de découvrir les traits, dans les premières lueurs de l'aube.

La longue marche reprend, les pauses sont plus fréquentes. On les sollicite un peu trop, nous confiera le guide. Jean et Jacques me paraissent plus en forme que moi, il faut s'accrocher au peloton, j'ai tendance à me faire distancer, dès que la pente est plus forte, alors il faut recoller, pas question de perdre la trace.

Comme un serpentin, le sentier grimpe d'une façon interminable, la pente est raide, les cailloux roulent sous mes pieds, c'est pour moi une nouvelle épreuve, mon sac à dos glisse sans arrêt de gauche à droite sur la toile de ma veste, je resserre les sangles, je perds du terrain. Cette pénible épreuve va durer jusqu'à trois heures de l'après-midi. Le groupe atteint alors une combe magnifique, bien dégagée dont les versants en pente douce sont bordés de sapins; quelques belles granges de pierre et de bois sont harmonieusement disposées, la perspective est belle.

- Ici, nous allons nous reposer quelques heures, cela est indispensable avant de reprendre la route, en fin d'après-midi. N'oubliez pas que vous devez atteindre la frontière, demain, avant le lever du soleil, et pour cela il vous faudra marcher toute la nuit. Le versant Nord du col, que je vais vous indiquer, est totalement à découvert, et les Allemands ne tarderaient pas à vous cueillir, si vous êtes repérés aux premières lueurs du jour. Reposez-vous, je vous réveillerai le moment venu... Ah ! encore un mot, je vous verrai individuellement avant le départ, pour le règlement de notre petite course.

Après, je ne me souviens plus de rien. Je me suis laissé tomber sur la plus accueillante des literies, un bon tas de foin bien de chez nous.

Le plus dur fut de remettre la machine en route, de reprendre la marche, à demi conscients, de lutter contre une certaine somnolence due à ce repos écourté; mais nous restâmes lucides, le passage le plus délicat de notre évasion nous attendait, et il faudra marcher toute la nuit pour atteindre la frontière espagnole.

La file des fugitifs descend à travers bois, vers la vallée du Gave de Gavarnie. Le berger marche en tête. Le bruit du torrent nous parvient par instants, nous sommes dans les bois, tout va bien. Cependant je suis inquiet, cette descente nous rapproche de la zone très surveillée qu'il faudra bientôt traverser. Soudain le guide lève le bras, la colonne s'arrête : une échappée à travers la forêt nous permet de discerner, sur l'autre versant, la fameuse route de Luz-St-Sauveur à Gavarnie, sans cesse parcourue par des éléments de l'armée allemande. Nous traversâmes très vite, ce premier découvert.

Sur le plan psychologique, cette approche progressive du danger est éprouvante. De bois en taillis, de taillis en bosquets, nous descendons par petites étapes successives, voire même par bonds, pour atteindre la route et la franchir, et remonter à toute allure le long de l'autre versant. Tout cela sans être vus : c'est une question de vie ou de mort. À l'orée de la dernière sapinière, le berger, la voix grave nous donne les ultimes recommandations :

- Je vous demande de faire très attention, le silence est absolument obligatoire pour tous. Même si vous vous blessez, fermez-la ! Pas un cri pas un bruit. Attention surtout aux pierres qui roulent, une seule pierre peut révéler notre présence, une pierre ne roule pas d'elle-même. Si nous sommes repérés, les Allemands vous tireront dessus, sans sommation, comme des lapins. Nous sommes en zone interdite ! Si vous êtes poursuivis, la montagne sera passée au peigne fin, avec les chiens à l'appui, pas question d'en réchapper. Soyez donc très prudents. Nous allons franchir le torrent près d'un pont, par petits groupes de quatre, je donnerai à chaque fois le signal du départ. Nous nous regrouperons à la lisière du premier bois sur l'autre versant.

« Je passerai avec le dernier groupe. Attention, sur ce pont il y a deux sentinelles allemandes, qui font régulièrement les quatre cents pas, d'un côté et de l'autre... même défense pour tous les ponts de la route de Gavarnie, les Allemands veulent éviter leur destruction par la Résistance. C'est donc moi qui réglerai l'ordre des traversées, en fonction de la durée du parcours des sentinelles... »

Rien qu'à l'entendre, j'en avais les jambes coupées, je commençais à trembler sérieusement, j'ai dû me ressaisir, la peur m'envahissait. Mon frère posa sa main sur mon épaule, je lui souris, en réponse sans doute à ce message courageux, et fraternel, qu'il me transmettait du regard.

Dans les cent derniers mètres, nous étions pratiquement à découvert, utilisant toutes les caches naturelles du terrain, progressant à quatre pattes en direction du torrent, dont le bruit des cascades tranchait étrangement dans le silence de la vallée.

Je relève la tête lentement : au-dessus d'un buisson, j'aperçois le pont, une arche qui franchit le ravin. Nous sommes tous cloués derrière les ultimes obstacles. Plus personne ne bouge, c'est l'attente du passage des sentinelles... je retiens mon souffle, mon cœur bat fort. Dans quelques minutes, il faudra courir, s'élancer comme un félin, sans faire de bruit, dans la foulée, grimper le talus de la route, attaquer l'autre versant, se cacher au plus vite dans les broussailles ! Quel risque prenons-nous. C'est insensé ! Pourquoi s'exposer ainsi, n'y a-t-il pas un autre passage ?

Je conserverai toute ma vie la vision de ces deux sentinelles marchant à pas mesurés, comme des automates, silhouettes se découpant en ombres chinoises dans la brume du soir.

J'entendrai toujours les quelques mots échangés dans un allemand bien trempé, dont le vent m'apporta les paroles plus sonores que le torrent.

Les deux Allemands firent demi-tour, et disparurent comme ils étaient venus. Notre guide avait chronométré le temps de rotation des sentinelles afin de déterminer celui qui serait imposé à chaque petit groupe pour le franchissement des obstacles : descendre jusqu'au Gave, traverser le lit caillouteux, remonter le talus de la route, traverser la chaussée, grimper la pente herbeuse de la montagne, le plus haut possible, et s'évanouir dans les premiers buissons et les taillis rencontrés.

Quelques minutes plus tard, infiniment longues pour ceux qui attendent « planqués dans les buissons », les deux sentinelles font leur réapparition, avec la régularité, d'un mouvement d'horlogerie. Notre sort semble devenir de plus en plus incertain. Notre course d'obstacles sera réglée en fonction de la durée de la ronde des Allemands, sans tenir compte des aléas de la route elle-même : voiture militaire, motos, patrouilles, que nous ne pouvons voir venir de notre position. Je prends conscience du réel danger que nous allons côtoyer, ma vie est liée à la réussite de cette action. Soudain, j'ai froid, je recommence à trembler, mon cœur bat. Pourtant il n'y a plus d'autre solution, il faut y aller, les dés sont jetés !

Sur ordre du guide, le premier groupe démarre en silence, dès que les gardes eurent tourné le dos. Je suivais très attentivement leur comportement face aux difficultés du terrain.

Instinctivement et furtivement, je jetais un coup d'œil à gauche et à droite en direction de la route, mais que faire en cas de surprise ? Je notais que la première difficulté était de franchir le torrent sans faire rouler les gros galets, la deuxième était de gravir sans élan, le talus de la route, mais tout se passa bien pour les quatre premiers gars. Le deuxième groupe se mit en marche sur un signe du guide, les jeunes en file indienne, le corps légèrement plié vers l'avant, descendirent vers le torrent avec aisance et légèreté, oubliant, pour quelques instants leur fatigue réelle. Ce groupe franchit les obstacles sans anicroches. Je notais toutefois que les deux plus jeunes connurent une plus grande difficulté dans l'ascension du talus surplombant la route, et qu'ils durent « s'accrocher » des quatre fers, pour se hisser à la crête supérieure du talus.

Le dernier groupe comprenait : le guide, Jean, mon frère et moi. Mon cœur battait la chamade, la peur me tenaillait le ventre !

Vous savez, on ne voit plus rien, dans ces moments-là, sauf les cailloux sous les pieds ! Je suis le dernier à passer le torrent, à grimper le talus de la route. La route est traversée.

J'attaque la pente herbeuse, je n'ai plus de force ! Je suis seul, arrêté au milieu du versant, je n'ai plus d'aspérités sous les doigts pour me tirer. Je panique, je suis cloué sur la paroi, les sentinelles vont revenir... je suis foutu ! Alors je redescends, je traverse la route pour prendre de nouveau mon élan, je mobilise toutes mes forces restantes, je pars à fond, « crapahute » de toute mon énergie, à chaque prise j'arrache une touffe d'herbe, je grimpe avec rage, j'atteins enfin les broussailles, je contourne un premier buisson et me jette à plat ventre. Mon cœur bat à se rompre...

J'éprouve une sérieuse difficulté à reprendre ma respiration. Alors que je relève la tête pour regarder en direction du pont, j'entends tout près de moi une voix basse, pleine de reproches, celle du guide :

- Ne bougez surtout pas, vous êtes très mal caché ! mais que vous m'avez fait peur !

La tête collée contre le sol, j'entendis soudain les deux sentinelles causer à voix haute, et après quelques pas faire demi-tour et disparaître non sans avoir laissé échapper un éclat de rire assez sonore.

À l'orée d'une jeune sapinière, il fallut plusieurs minutes pour nous regrouper. J'ai ressenti cruellement le regard de mes compagnons de fugue : le silence qui s'ensuivit était bien plus dur à supporter qu'un torrent de reproches. C'est vrai, la vie du groupe ne tenait qu'à un fil, liée à la moindre défaillance de l'un de ses membres. Fallait-il se défendre, en trouvant des explications pour tenter d'expliquer ce grave incident ? Baissant la tête, je gardais le silence. La semelle lisse de mes chaussures, le sac à dos mal conçu, bourré de vêtements inutiles, étaient les raisons matérielles de cette mauvaise performance, mais il faut ajouter, tout simplement que je n'avais pas une grande résistance physique, et que l'épreuve que je subissais avait déjà eu raison de mes forces. Dire que cela ne faisait que commencer !

- Contourner les hauteurs de Gèdre, sera une affaire de longue haleine, nous confia le guide avant de reprendre réellement la marche. Cela va nous prendre une bonne partie de la nuit. Il n'y a plus de temps à perdre. En route les gars !

S'approchant de moi :

- Remettez-vous mais ne restez pas en queue, vous pourriez décrocher… les jambes peuvent vous lâcher.

Lentement, nous gravissons de nouveau un flanc de montagne par une étroite piste au travers d'une forêt de conifères, tous en file, suivant aveuglément notre berger, lui seul connaissant les secrets passages du chemin difficile conduisant, nous en étions convaincus, vers la liberté. Les sapins étaient de plus en plus espacés, le sentier serpentait, maintenant dans une zone de hautes prairies parsemées d'éboulis ; au loin la grande muraille des sommets pyrénéens, que nous découvrions au fur et à mesure de notre ascension, se teintait de mauve, le ciel chargé de lourds nuages, se parait des couleurs du couchant.

Oui, nous étions convaincus que nous marchions, non seulement vers la liberté, mais nous avions le sentiment d'aller vers quelque chose de beau, de grand, de noble. C'est cela qui nous attirait comme la belle lumière de l'aube, après une nuit pleine de cauchemars. Oui, c'est cette foi qui animait les adolescents que nous étions, plutôt que ce sentiment de fuite devant l'Allemand, face à cette inadmissible convocation pour le travail obligatoire en Allemagne. Nous les jeunes, voulions sortir de cette ombre malfaisante qui s'était abattue sur notre pays, et pour cela nous étions prêts à endurer les pires difficultés.

La marche de nuit sur les hauteurs de Gèdre, absorbait progressivement mes dernières forces : je glissais sur l'herbe mouillée, trébuchais sur les pierres devenues invisibles avec la tombée du jour. Écrasé par un sac lourd mal arrimé sur les épaules, je faisais constamment des efforts pour ne pas perdre de vue la faible silhouette qui me précédait de quelques pas.

La troupe des candidats à l'évasion s'arrêta pour un repos nécessaire. Nous étions dans une combe jonchée de grands rochers qui se découpaient comme des fantômes, dans le clair obscur lugubre de la nuit. J'appréciai cette halte, et déposai lentement mon sac sur le sol. Le guide s'approcha près de moi, et de sa voix basse et ferme dit :

- Vous n'irez pas loin ainsi, je vous observe... votre tenue de ville et votre sac de voyage me donnent l'impression que vous aviez prévu de traverser les Pyrénées en autocar de tourisme ! Je n'ai qu'un seul conseil à vous donner : « Abandonnez votre sac car demain l'épreuve qui vous attend ne vous permettra pas de grimper le col avec votre charge ». Se retournant vers les autres et pointant son index vers le fond de la vallée : « Il faut absolument traverser ce dispositif de surveillance allemand cette nuit, et parvenir au col avant le lever du soleil. De jour, sur le versant français de ce col, vous serez repérable de très loin, et les Allemands ne se gêneront pas pour pénétrer en Espagne et ratisser la montagne à la recherche des fuyards. Nous sommes en retard sur l'horaire prévu, il ne sera plus question de repos désormais. Nous marcherons en silence, nous passerons près de quelques granges habituellement vides mais on ne sait jamais, elles peuvent être habitées exceptionnellement par qui vous savez ! Puis nous emprunterons des chemins fréquentés par des patrouilles motorisées, je vous guiderai... Restez groupés... Silence absolu... Attention où vous mettez les pieds... Une pierre peut révéler notre présence... Pas de cigarette... Surtout pas de cigarette... Cela pourrait être votre dernière ! Debout, on y va ! »

La nuit était presque achevée, les toutes premières lueurs de l'aube éclairaient faiblement un paysage dantesque, de hautes et impressionnantes parois rocheuses se dressaient de part et d'autre du défilé dans lequel nous étions parvenus après une nuit de marche harassante, d'efforts sans cesse renouvelés. J'étais à la limite de l'épuisement. Soudain le guide s'arrêta, à l'intérieur d'un petit cirque couvert de mousse. Instinctivement, nous nous regroupâmes autour de lui, le silence prolongé augmentait notre intérêt, l'instant devint solennel, il est resté pour moi inoubliable.

- C'est ici que je vous quitte !

Et montrant de son index un affaissement naturel dans la chaîne des sommets qui nous surplombait :

- Port Biel, le col, votre col, c'est là-haut que vous passerez la frontière, celle-ci est à plus de deux heures de marche du point où nous nous trouvons actuellement, nous avons encore pris du retard cette nuit... vous n'avez plus une seconde à perdre... le jour va se lever, moi je retourne à mes occupations. Je vous souhaite bonne chance... allez... il faut se quitter... Au revoir les gars !

Un silence glacial tomba sur le groupe. On devinait à peine la paroi finale, l'endroit de notre passage : de petits nuages en écharpes flottaient sur les sommets. À l'annonce de cette séparation, nous eûmes tous un moment de déception, de découragement, le sentiment d'être abandonnés prématurément !

En ce qui me concerne ma décision était prise, je posai la main sur le bras de notre berger, et lui dis : « Toute la nuit, j'ai porté mon sac. Mais vous aviez raison, je suis épuisé, avec lui je n'irai pas plus loin. J'ai voulu conserver le plus longtemps possible ce précieux fardeau que ma mère avait préparé avec soin. Promettez-moi de le lui faire parvenir quand une occasion propice se présentera à vous... J'ai griffonné l'adresse de mes parents sur ce bout de carton... je vous en suis très reconnaissant... Tenez, je vous le confie... Merci !

- Comptez sur moi... dès que j'en aurai la possibilité, me répondit le guide en plaçant rapidement le sac sur son dos.

Alors, s'adressant au groupe des fugitifs, pas encore remis de l'annonce de son départ :

- Bonne chance les petits Français, que tout se passe bien pour vous !

Chacun à sa façon remercia le passeur, une brève agitation dans la montagne silencieuse, mal réveillée d'une nuit finissante. La silhouette du guide disparut rapidement dans un détour du sentier. Désormais nous étions seuls. Je regardais le ciel, le jour lentement et sûrement allait poindre et nous surprendre dans la dernière phase de notre évasion.

Et, comme nous étions figés sur place, l'un de nous s'écria :

- En route, il ne faut plus perdre une minute, restons groupés, il n'y a plus que deux heures de marche !

Ce fut une course poursuite par un sentier à peine tracé dans les éboulis, s'accrochant difficilement sur le flanc abrupt de la montagne.

L'aube était naissante. Soulagé de mon fardeau, je suivais en titubant la file indienne, un peu ivre de l'air si frais, fragilisé des efforts répétés de la nuit. Comme il est logique en pareil cas, les plus forts sont en tête, et l'ascension du col se fera « chacun pour soi ». Je m'aperçois très vite que l'esprit d'équipe n'existe pas, que l'obsession de chaque candidat à l'évasion est d'atteindre personnellement la frontière, surtout de ne pas être pris par les Allemands dans les ultimes mètres de cette folle échappée. Car cette hantise habite chacun de nous : voir surgir des soldats, les armes à la main, là-haut, au col, aux portes mêmes de notre salut !

Progressivement, sous les premières lueurs du jour, le paysage se révèle grandiose, nous sommes entourés de parois rocheuses vertigineuses, de pics, de larges névés plaqués sur des montagnes d'éboulis. Notre marche se poursuit dans un silence impressionnant, troublé seulement par le bruit de nos pas dans les cailloux.

Le jour se lève, je suis à bout de souffle ! Je m'arrête un instant et regarde : je distingue nettement le col, cet abaissement de la chaîne des sommets, que l'on appelle aussi « Port » dans les Pyrénées. Pour y accéder, il reste à gravir une forte pente, composée de roche effritée, sur laquelle des nombreuses plaques de neige s'accrochent de-ci de-là au gré des ombres projetées par les hautes cimes.

Déjà, les premiers attaquent la pente finale, en lacets afin de réduire l'importance de la montée. Je suis le dernier, je regarde les autres évadés s'éloigner : certains sont en forme, d'autres trébuchent, tombent repartent en maugréant. Je l'avoue… je n'ai plus de force. J'ai froid. Je regarde ce qui reste de mes chaussures, les semelles fines sont décousues et se retournent facilement. Quand ce calvaire finira-t-il ? Je n'ai plus de force morale, je ne suis plus motivé, j'ai envie de m'allonger, et de dire : « Allez, c'est fini… je lâche ! »

Mon frère Jacques et Jean se sont arrêtés. Ils me font signe de la main pour que je les rejoigne. Leur geste est autoritaire, ils semblent fâchés. Je n'ai plus de réaction. Je ne ressens plus rien. Ils répètent leurs signaux : « Allez vite » ! Un grand silence noie la scène. Alors, comme un grand malade, je me mets debout, vacillant, lentement je marche vers eux, je les rejoins, et tombe dans les bras de mon frère en pleurant, je suis à bout, je craque !

Nous avons pris quelque repos et mangé quelques bricoles qui restaient dans nos poches. Le temps passé à cette récupération pouvait nous être fatal. Initialement le franchissement du col était prévu au lever du jour, nous y étions, mais à son pied malheureusement ! Devant nous, la grande pente terminale, où nous distinguions nos compagnons grimpant sur la paroi et qui nous apparaissaient maintenant comme des fourmis, donnait ainsi l'échelle réelle de la montagne.

Dans la caillasse, longue et douloureuse fut l'ascension. Heureusement soutenu moralement et physiquement par mon frère et par Jean, je grimpais, m'arrêtant souvent pour retrouver mon souffle. Mon cœur battait fort, je levais la tête pour observer le passage, il me semblait que la distance était toujours aussi grande, et que cela ne finirait jamais ! La vue vers la France était superbe, les montagnes enrubannées de brume, délicatement éclairées des lueurs du jour naissant, offrait un merveilleux spectacle. La lumière de l'aube donnait à toute chose alentour, sa véritable dimension. Au-dessus de nous la grandeur des sommets majestueux dans un ciel bien dégagé, contrastait avec les lointaines vallées emmitouflées de leurs brumes matinales. Et nous, pauvres hères accrochés au flanc d'un col, cloués sur la pierraille, souffrant de fatigue et de faim, ne buvant que quelques gouttes d'eau obtenues par la fonte d'une neige sale au creux des mains. Les bras en croix, j'étais incapable de faire un geste de plus, mon frère et Jean, à dix mètres de moi ne valaient guère mieux. Je ne saurai jamais le temps que nous avons réellement passé sur cette longue montée de Port Biel à 2 600 mètres d'altitude, ni comment nous avons terminé l'escalade. Il devait être dix heures, lorsque le col fut atteint. Nous étions seuls, les autres avaient déjà entrepris la descente sur le versant espagnol.

Devant mon état d'extrême fatigue, je décidai de me reposer avant toute chose. Je me souviendrai toujours de l'adieu, que je fis à la France, du haut des Pyrénées.

Je quittais mon pays, ma famille, tout.

Cependant, j'éprouvais un sentiment de grandeur, à l'idée que j'allais faire quelque chose de positif, espérant revenir un jour dans ma patrie libérée, et retrouver tous les miens !

Il était midi en ce dimanche 12 juin 1943 quand, debout face à la France, de la main je fis un dernier salut. À côté de moi, mon frère Jacques pleurait. Nous nous sommes longtemps regardés, nous avons échangé un premier sourire, et puis nous avons ri franchement, cela venait du profond de nous-mêmes. Ce fut un instant merveilleux, empreint d'émotion et de joie.

LIBRES ! NOUS ÉTIONS... LIBRES !

La descente du versant espagnol, après le franchissement du col, devait nous réserver bien des surprises et des émotions fortes. Ces événements restent gravés dans ma mémoire au plus profond de mon être, tant par l'intensité dramatique des faits que par l'état d'esprit dans lequel nous étions tous, épuisés certes, mais terriblement heureux, nous étions libres... Enfin nous le supposions !

Épuisé physiquement, je l'étais. Parti de Lourdes, vendredi soir, en costume et chaussures de ville, je suis arrivé en territoire espagnol, le dimanche midi, après de nombreuses heures de marche, effectuant des passages des plus délicats au nez et à la barbe des Allemands, marches nocturnes, escalades de jour, le tout sans équipement ni nourriture, j'étais lessivé ! Mes chaussures avaient rendu l'âme, le fond du pantalon était resté accroché, je crois, à une moraine, mon corps n'avait reçu aucun aliment valable depuis le départ. À cette altitude, près de 2 800 mètres, l'air est vif, plutôt froid, ajouté à mon épuisement général, je ressentis comme une grande faiblesse, et fus pris d'un grelottement incontrôlable. Mais il faut descendre à toute allure, être ce soir le plus loin possible, nous avions appris de notre guide que des patrouilles allemandes ratissaient à plusieurs kilomètres à l'intérieur du territoire espagnol et que les soldats de la Guarda Civil, fermaient les yeux sur cet état de fait.

- Grouille-toi me lança Jean.

- Je n'en peux plus, lui répondis-je les dents serrées.

- Allez, me supplia gentiment mon frère, nous sommes les derniers.

C'est vrai, les autres avaient disparu dans un chaos d'éboulis, formés d'énormes blocs arrachés des sommets voisins, bloqués çà et là sur la pente vertigineuse.

Alors tous les trois, nous nous sommes lancés dans une descente époustouflante, freinant des talons, le corps en déséquilibre arrière, en ce qui me concerne j'avais plutôt l'impression d'être un automate, rassemblant mes dernières forces, que je ne pensais plus avoir en moi.

Dans cette folle descente, nous évitions les plaques de neige accrochées à la pierraille, attentifs à chaque réception. Une roche cristalline et lisse affleurait par endroits, ce qui pouvait provoquer une glissade extrêmement dangereuse, étant donné la forte déclivité du versant espagnol.

À travers les Pyrénées, la course éperdue vers la liberté était engagée. Notre groupe s'était étiré depuis les grandes difficultés de l'ascension de Port Biel. Le col franchi, les plus forts physiquement entamèrent la descente sans nous attendre.

D'ailleurs, dans notre groupe hâtivement formé pour l'évasion de France, il n'y avait pas de cohésion, pas de discipline collective, pas de chef. Étant guidés par notre berger passeur jusqu'au pied du passage le moins surveillé ce jour-là par les Allemands, le mot d'ordre était des plus simples : gagner le territoire espagnol le plus vite possible et trouver les officines britanniques qui nous prendraient en charge - cela nous l'espérions fortement - pour nous conduire vers l'Angleterre ou l'Afrique du Nord.

Quand on franchit la zone interdite des Pyrénées pour s'évader de France, c'est parce que la raison est grave qu'il faut réellement partir car, repris par les Allemands au cours de l'évasion, c'est la déportation ou le peloton d'exécution, suivant la personnalité, la nationalité, les raisons du franchissement interdit de la frontière espagnole. Dans ces conditions rien d'étonnant, malgré quarante-huit heures passées ensemble, que nous ne fîmes pas plus ample connaissance. À part les banalités d'usage, échangées au gré des circonstances, un silence s'était établi entre nous sur nos identités, et les raisons de notre évasion.

Nous étions donc vingt-deux candidats pour la liberté, dont deux anglais (aviateurs abattus en France, nous le supposions) et deux belges, repérables bien sûr à leur savoureux accent, et dont les réactions, à tous les coups, faisaient sourire les plus moroses de notre petite troupe…

Soudain, au pied d'un escarpement rocheux, nous découvrons nos amis belges, soufflant, exténués par cette course infernale. Nous les rejoignons, et à côté d'eux, assis sur les galets, nous nous accordâmes un moment de répit, appréciant le grand silence de la montagne. L'air était vif, le soleil puissant dans un ciel chargé de gros nuages. Ensemble, nous reprenions haleine dans ce cadre grandiose, le dos tourné à la France par instinct, à l'abri du regard des guetteurs allemands que nous supposions postés sur les donjons naturels de la grande muraille des Pyrénées.

La voie à suivre était loin d'être tracée. Le gros de la troupe avait disparu dans les escarpements, fallait-il prendre la combe remplie d'éboulis, qui descendait des sommets, où l'on serait pour longtemps à découvert, cible vivante pour un tireur d'élite?

Fallait-il s'enfoncer dans un dédale de rochers, d'anfractuosités à la recherche d'une issue naturelle dans ce chaos géant?

C'est en définitive dans cette dernière direction que nous nous engageâmes après une brève consultation que nous fîmes du regard.

À ce moment précis, nous étions huit évadés, les derniers du groupe. Le ciel devint menaçant, de gros nuages noirs comme de l'encre s'amoncelaient de plus en plus sur le massif du Mont Perdu. La descente devint très difficile.

Je glissais constamment sur la roche prenant appui des deux mains sur la paroi, sur des prises parfois, pour franchir les difficultés rendues plus dangereuses du fait même de ma tenue de citadin.

Soudain, consternation. Nous nous retrouvâmes tous les huit, sur le bord d'une brutale dépression, une large fosse infranchissable du fond de laquelle mugissait un puissant torrent, dont on voyait monter la bruine des éclaboussures.

Impossible de passer. Le torrent grondait au pied d'une vertigineuse paroi rocheuse, qui se dressait devant nous comme le rempart d'une cité imprenable. Alors que nous étions comme figés devant cette découverte, la muraille reçut un puissant éclair. Un coup de tonnerre violent, orchestré par les échos de la montagne, nous tira brusquement de notre réflexion.

- À droite nous remontons, à gauche il semble que l'on puisse suivre le torrent, mais cela paraît difficile, qu'en pensez vous ? dit Jean.

- Allons vite, il nous faut descendre.

- Le passage n'est pas évident, observai-je.

- Grouillez-vous, l'orage menace, rétorqua un gars à l'accent du midi.

Très prudemment, j'abordai la descente sur cette paroi rocheuse constituée de gradins qui se terminait plus bas par un surplomb impressionnant, au-dessus de la gorge du torrent bouillonnant. Les retailles du roc nous permettaient d'avancer transversalement par rapport à la déclivité, le petit groupe s'était étiré sur plusieurs dizaines de mètres, les Belges fermant la marche. Chacun avançait prudemment, chaque pas mobilisait toute notre attention, la moindre distraction pouvant nous être fatale, d'autant plus que l'inclinaison devenait de plus en plus forte et que le vide se faisait de plus en plus attirant.

Le bruit du torrent et de ses chutes fracassantes nous parvenaient avec plus de réalité; de temps à autre je recevais de fines gouttelettes qui remontaient de la gorge, aspirées par un vent tourbillonnant.

Le ciel était sinistre. L'orage s'étalait, le soleil avait disparu derrière un amoncellement de nuages lourdement chargés. Le jour, lentement, s'estompait sur la montagne hostile.

Comment s'achèvera-t-elle cette première journée de liberté, en cavale, sur le versant espagnol ? Brisés de fatigue quels efforts ne devons-nous pas faire pour sortir de ce piège, et trouver enfin une montagne plus hospitalière, pour y passer notre première nuit d'évadés ?

Au fur et à mesure de la lente progression, les flancs de la gorge se resserraient, la paroi quasi verticale n'offrait plus qu'un passage naturel unique, une sorte de retaille, sur laquelle il fallait poser un pied après l'autre, en maintenant l'équilibre la main posée sur le rocher.

Un cri, un cri terrible, un long cri déchirant, absorbé progressivement par le tumulte du torrent !

Cloués sur place et glacés d'effroi, nous nous retournâmes vers nos compagnons. Le groupe en file indienne s'était immobilisé la tête tournée vers l'arrière, c'est de là qu'était parti ce cri presque inhumain. Instinctivement nous fîmes demi-tour et nous nous regroupâmes à proximité de notre ami belge bouleversé, pleurant comme un enfant. Entre deux sanglots, il nous apprit que son compagnon avait heurté le roc, et perdu l'équilibre, qu'il avait voulu se raccrocher le long de la paroi, et finalement était tombé dans la gorge en criant avant de disparaître.

« Atroce, c'est atroce ! » hurlait son ami, je venais de lui dire d'avancer plus vite, il m'a répondu : « Je n'en peux plus j'arrête ici, partez sans moi. » À ce moment-là, j'ai vu son pied buter contre une roche saillante, et il a basculé dans le vide.

Un long silence s'établit entre nous, troublé par les grondements de l'orage tout proche.

Nos regards se croisaient, comme pour lire dans celui des autres, la terrible et rapide conclusion qui s'imposait en pareille circonstance. Deux gars posèrent leur main sur l'épaule du pauvre compagnon belge.

- Allez... viens, il faut partir... la nuit arrive.

C'est dur, terriblement difficile de dire aussi simplement la vérité : il n'y a plus rien à faire... il faut partir !

On ne peut oublier un moment aussi dramatique, notre peine était grande, notre fatigue nous engourdissait brusquement. La scène était poignante. Nous étions accrochés à la paroi, au-dessus d'un vide impressionnant, sous un ciel apocalyptique. La foudre tomba sur les hauteurs, nous aveuglant dans un fracas épouvantable. De larges gouttes commencèrent, çà et là, à gifler le rocher. Brisés par l'émotion, un par un, nous reprîmes silencieusement la descente, redoublant de vigilance. Maintenant il faisait sombre.

Après plus d'une heure de marche, les grandes difficultés étaient franchies. Nous étions arrivés sur une pente herbeuse extrêmement glissante sous la pluie diluvienne. L'orage s'était étalé sur le versant espagnol des Pyrénées, les lueurs me permettaient d'apercevoir plus en avant les variations du terrain, ce qui ne m'empêchait pas de trébucher à chaque instant. Les éclairs et les coups de tonnerre finirent par m'achever, je descendais comme un pantin désarticulé, glissant, me relevant, glissant de nouveau, trempé jusqu'aux os. Titubant comme un homme ivre, je suivais instinctivement mon frère et Jean, plus en forme apparemment que moi, et qui, dans la nuit, commençaient à me distancer sérieusement.

- Oh… oh… Attendez-moi, je n'en puis plus… je suis à bout de forces !

- Il nous faut trouver un abri au plus vite, cria mon frère sans ralentir son allure, nous ne pouvons rester plus longtemps sous l'orage, avec le froid de la nuit…

L'obscurité était totale, déchirée par les lueurs aveuglantes des éclairs. Nous étions seuls tous les trois, le groupe, à la sortie des gorges, s'était littéralement dispersé dans toutes les directions, chacun à la recherche d'un abri pour prendre un peu de repos après cette première journée de liberté.

Un barrage naturel d'arbustes épineux nous arrêta, nous en fîmes le tour. Il était complété par un petit muret de pierres, formant un enclos au centre duquel on devinait une cabane.

- Nous sommes sauvés ! s'exclama Jean.

- Voilà notre refuge pour la nuit, approuva joyeusement mon frère, en me flanquant une tape amicale sur l'épaule, ce qui me fit chuter.

Je me souviendrai toujours de cette petite hutte de pierres sèches, recouverte de lauzes, et dont l'entrée si petite devait être franchie à quatre pattes. La hauteur de cette unique pièce, ne permettait pas de se tenir debout, alors soudainement je m'écroulai sur le sol de terre battue, et me mis à pleurer de toutes mes larmes, remerciant la Providence de nous avoir procuré ce refuge. La fatigue et le froid ayant raison de mes dernières forces, je me suis mis à claquer des dents, au point que mes deux compagnons d'infortune en furent effrayés. Alors, ils s'allongèrent de chaque côté de moi, et, me prenant dans leurs bras, me communiquèrent leur chaleur; et j'ai dû m'endormir.

Au dehors, sur le versant espagnol des Pyrénées, l'orage s'éloignait, projetant dans l'espace un grandiose spectacle de son et lumière.

Le soleil était déjà passé au-dessus de la montagne, lorsque nous reprîmes notre descente. Nous n'avions absolument rien pour nous restaurer, nous bûmes un peu d'eau au creux des rochers. J'étais glacé, au point que je ne sentais plus mon corps, comme anesthésié par le froid de la nuit.

Des empreintes répétées d'un troupeau, nous servaient de chemin au travers de ces immenses prés qui devaient servir à la transhumance en été. Le tracé se faisait de plus en plus précis, il nous conduisit à une magnifique forêt de sapins sur le flanc d'un vallon, aux deux versants presque symétriques.

L'air était frais, léger, le soleil jouait à cache-cache à travers cette admirable futaie, nous aurions dû être pleinement heureux, nous étions vivants et libres. En réalité nous étions inquiets, angoissés, dans l'attente de la première rencontre avec les Espagnols. De plus, il faut l'avouer tout simplement, nous avions terriblement faim, nous souhaitions ardemment au fond de nous-mêmes, que ce contact arrive le plus tôt possible, sans prendre quelque nourriture nous ne pouvions aller guère plus avant aujourd'hui.

Il faut être jeune, pour surmonter ainsi les efforts physiques sans cesse renouvelés depuis quatre jours, sans alimentation valable, et ces nuits passées en montagne, dans le froid, sans équipement !

Maintenant, je m'efforçai de marcher vite pour me réchauffer. La nuit froide, les vêtements mouillés par l'orage m'avaient glacé les os. En m'éveillant, j'ai eu l'impression que mon corps était sans vie. Me traînant à l'extérieur de la cabane, j'ai vu le grand soleil au-dessus de la montagne, alors je me suis levé pour recevoir ses rayons bienfaisants, et j'ai eu l'heureuse sensation de revivre, l'espoir me gagna…

À la lisière de la forêt, nous découvrîmes un magnifique panorama : une vallée largement ouverte, bien ensoleillée, bordée de part et d'autre de forêts de sapins, au fond, sur un lit caillouteux serpentait un torrent aux eaux argentées scintillantes sous le soleil.

Malgré mon état physique déplorable, le moral était redevenu excellent, je crois même qu'à ce moment précis, nous avons chanté tous les trois. Cette marche matinale, dans ce cadre merveilleux nous faisait exalter ce sentiment de liberté, que nous éprouvions au fond de nous-mêmes depuis quelques heures. En un instant, nous avions tout oublié, de nos peurs, de nos souffrances, de notre fatigue, nous marchions résolument vers l'aventure, libérés du joug allemand, vers une destinée que nous ignorions totalement.

- Halte ! m'écriai-je, des soldats, là devant nous !

- Des Allemands tu crois ? dit Jacques d'une voix sourde.

- Non, des Espagnols... sans doute, rétorqua Jean.

Trois soldats m'étaient apparus, soudain, de l'autre coté du torrent, car depuis un bon moment, nous étions parvenus dans le plat de la vallée, donc bien à découvert. Instinctivement, nous nous étions arrêtés. Les soldats s'énervèrent devant notre attitude passive, et se mirent à crier. Je ne comprenais rien, dans mon affolement, j'étais incapable de saisir un seul mot de leur charabia.

- Des Allemands ? reprit mon frère, interrogatif.

Un coup de feu claqua, orchestré par les échos de la vallée, un soldat, le fusil en l'air, nous faisait signe d'avancer. Instinctivement, les mains en l'air, nous nous engageâmes dans le torrent pour le traverser. Les soldats nous firent des grands signes, que nous ne comprîmes pas sur le moment : l'eau de la rivière était glacée, elle nous arrivait à mi-cuisse, et nos jambes étaient comme mortes.

- Des espadrilles au pied ! m'écriai-je, ce sont des Espagnols, nous sommes sauvés. Des Espagnols !

- Francès... ?

- Oui.

- Avanzar !

- Maquisards, anarchistes, espions ? lança un des soldats, avec un terrible accent.

- Non, non… pas du tout cela, s'indigna Jean, nous sommes de simples Français, en essayant de sourire le plus possible pour détendre l'atmosphère, car les trois fusils étaient braqués sur nous.

- Pourquoi avez-vous traversé la rivière, il fallait faire le tour, et passer par le gué, pourtant nous vous avons fait signe !

Nous n'étions pas fâchés de trouver chez eux une bonne intention à notre sujet. M'adressant à jean, je lui dis :

- Demande-leur si on peut manger quelque chose, nous mourons de faim.

Jean qui avait appris un peu d'espagnol, s'adressa à l'un des soldats qui lui répondit :

- Promettez-nous, avant toute chose, de ne pas chercher à vous enfuir, alors vous serez bien traités.

- Vous avez notre parole, répondit de suite Jean.

Les bras en l'air, nous subîmes la première fouille de nos vêtements. C'est avec véritable soulagement que nous fûmes invités à les suivre jusqu'au prochain poste. Maintenant, nous avions la certitude que l'intervention allemande en territoire espagnol, n'était plus à craindre. Après une bonne heure de marche, et sous bonne escorte, nous sommes arrivés au pied d'un village en ruines perché sur un piton, et qui se confondait avec la paroi rocheuse de la montagne environnante. C'est avec un vif plaisir et un grand appétit que nous allâmes, dans une grange, partager la gamelle des soldats de l'armée espagnole.

J'étais fatigué, mais très détendu ; cette arrestation prévisible, certes, était tout compte fait rassurante, maintenant il n'y avait plus qu'à se laisser aller, suivant la législation espagnole nous étions confiants.

Ce village en ruines, n'était occupé que par des soldats, sans autre vie apparente. Jean questionna l'un de nos gardes et nous traduisit de suite les explications reçues.

« Ce village monastère a été l'objet de violents combats d'arrière garde, lors de la réduction de la poche de Bielsa, par les troupes du général Franco. Les rouges acculés contre la frontière française, se défendirent farouchement, et la vie du village s'éteignit avec la fin des combats. »

Dans la rue principale que nous remontons, nous dépassons des petits groupes de jeunes hommes, sous la surveillance de quelques soldats; nous reconnaissons parmi eux quatre ou cinq compagnons de la première heure. Un sourire discret, pas d'autre signe de reconnaissance.

Sur la petite place du village, c'est la présentation de notre petit groupe à un officier supérieur.

C'est notre premier interrogatoire en territoire espagnol, il y en aura d'autres. Nous remettons à cet officier, bel homme brun portant bien la moustache, tous nos papiers, nous sommes fouillés pour la deuxième fois, il ne nous reste plus rien dans les poches.

- D'où venez-vous ? lança l'officier, avec un bel accent espagnol.

- De France.

- Qu'avez-vous fait pour devoir fuir votre pays ?

- Absolument rien, nous allons rejoindre les armées de la France combattante.

- Il n'y a plus de France, rétorqua violemment l'officier, vous avez perdu la guerre. Vous êtes en état d'arrestation pour avoir franchi clandestinement la frontière de notre pays. Ne tentez surtout pas de vous évader, cela peut vous coûter très cher. Sinon - en se radoucissant - vous serez bien traités, à moins que l'on apprenne que vous êtes des terroristes, alors - se fâchant de nouveau - on vous reconduira à la frontière, et vous serez remis aux Allemands, et vous serez fusillés !

Comédien, l'officier se fit presque aimable.

- J'ai bien dit « si ».

Puis il ajouta, après nous avoir dévisagés avec un regard noir, pénétrant :

- Demain, au lever du jour, vous partirez en car pour la ville prochaine.

La soupe du soir nous fut servie par nos gardes en espadrilles dans un décor digne des grands studios de cinéma d'Hollywood : des feux de bois allumés çà et là, projetaient, sur les pans de murs des maisons calcinées, des danses hallucinantes d'ombre et de lumière. De temps à autre la silhouette démesurée d'un soldat montant la garde se profilait sur un pignon, pour fuir dans les ténèbres. Une timide guitare égrainait dans la nuit quelques notes de flamenco. Assis autour de l'un des feux, nous étions exténués et silencieux, maintenus en éveil par le crépitement du bois sec. Une étrange sérénité s'était installée sur ce village fantôme. Rêveur, je croisais les regards de mon frère et de Jean, ils me répondirent par un merveilleux sourire, d'une intime complicité.

La première page de notre évasion était, maintenant, bel et bien tournée.

Nous attendions des ordres. Un par un, les petits groupes déjà formés furent dirigés et enfermés dans ce qui restait des anciennes habitations, closes par des portes de fortune. Le bruit des chaînes, qui les condamnaient pour la nuit, résonnait étrangement, brisant le grand silence de la montagne. À la sortie du village, nous héritons tous les trois d'une grange spacieuse, aux murs épais, dont la lourde porte se referma lentement, en gémissant comme un supplicié, couvrant le « Buenas noches » que nous lancèrent nos gardiens.

- Vous avez vu notre beau plafond ? s'écria joyeusement Jean.

- Le plus beau, répondis-je, c'est la voûte céleste.

Nos yeux s'habituant peu à peu à l'obscurité, nous découvrions la nuit étoilée dans toute sa beauté, étant donné la transparence de l'air à cette altitude. Alors, nous nous laissâmes tomber sur la paille, fourbus et heureux.

Notre grange avait d'épaisses murailles mais pas de toit. Cela n'était qu'un détail sans importance, étant donné notre état d'épuisement. Je n'en pouvais plus. Depuis vendredi matin au départ d'Agen, que d'événements, de peur, d'angoisse ; quelle épreuve physique !

Fermant les yeux, je revivais pour la première fois la scène, très éprouvante, de notre départ matinal de la villa Thérèse, l'habitation de mes parents, perchée sur le coteau de l'Ermitage, qui domine si joliment la ville.

Extrait du journal de mon père, journal que je devais retrouver dans son secrétaire, quelque temps après son décès.

« AGEN, VENDREDI 11 JUIN 1943.

7 heures du matin. Mes deux chers enfants viennent de partir, quelle est dure cette séparation ! Ils ont été courageux, et comme ils ont été bons pour nous, en nous quittant, de nous dire qu'il ne fallait pas pleurer mais prier. Cette pensée sera toujours présente, et nous donnera la force de supporter la séparation, en nous réunissant avec eux par la prière. Que c'est beau de partir, plein de foi et de confiance en Dieu, comme ils viennent de le faire ! Tout ce que j'écrirai dans ce cahier, jusqu'à leur retour, que je désire prochain, montera de mon cœur et de celui de ma Georgette, leur chère Maman pour qu'en le lisant, un jour, ils y trouvent tout notre amour, pour eux, qui sont notre vie.

Suivant les conseils de ma mère, je les confie à Notre-Dame de la Treille qui a toujours protégé notre famille, et qui a exaucé les prières que je lui ai adressées. »

LES GEÔLES ESPAGNOLES.

C'est dans un petit car de montagne, en très mauvais état, aux tôles rouillées et cabossées, aux vitres manquantes, aux sièges élimés, que nous quittons notre village en ruines, dans la belle vallée de la Pineta, pour une destination inconnue. Cet autocar bruyant et inconfortable au possible, emmenait une trentaine d'évadés de France sous la garde de quelques soldats armés et d'un officier de la Guardia Civil. Celui-ci s'exprimant en bon français, avec une pointe d'humour, nous parut sympathique :

- Ne vous évadez pas… je serais dans l'obligation de vous tirer dessus, j'ai ordre mais je n'aime pas ça ! - sérieux - surtout que vous êtes jeunes, que vous avez toute la vie devant vous - sourire - je suis avant tout un soldat et j'obéis aux ordres - sérieux - on va vous conduire dans un couvent, vous serez bien traités, alors n'essayez pas de me fausser compagnie… - très large sourire.

Nous l'avons cru. Nous étions, au fond, heureux ! Terminé la crainte de voir les Allemands nous cueillir en territoire espagnol, et de nous envoyer dans leurs camps de concentration ! Et, si nous n'étions pas remis de nos fatigues, si le car cahotant sur de mauvaises routes de montagne aux mille virages, nous donnait le mal de mer, nous éprouvions une grande joie intérieure : nous allions, maintenant dans la bonne direction !

Cela se voyait dans les regards que nous échangions de temps à autre, entre nous. Il y avait comme un sourire suspendu à nos lèvres et nos yeux brillaient du feu de l'espérance. L'interdiction de parler entre nous dans le car, était à ce moment-là, pour nous, une punition de collégien.

La journée fut longue. La route empruntait la dépression du Rio Cinca et tournicotait sans cesse. Certes la région était pittoresque, villages perchés, forêts et gorges se succédaient à mes yeux comme des images d'un documentaire, mais je n'étais pas en état d'apprécier la beauté des paysages.

De plus, il me semblait que tout cela était bien pauvre, les braves paysans rencontrés avec leur matériel agraire rudimentaire, des soldats partout, chaussés d'espadrilles, des villages partiellement ruinés, où l'on découvrait encore des plaies béantes de la récente guerre fratricide, des ponts rafistolés à la hâte, le tout observé d'un car, menaçant d'un moment à l'autre de se vomir avec son chargement, dans l'un de ces nombreux ravins au droit d'un virage sans parapet.

Enfin, nous roulions dans la plaine, la route longeait le Rio Cinca assagi et majestueux.

- Nous arrivons à Barbastro, c'est le terme de notre voyage, s'écria le gradé dominant de sa voix forte, le bruit assourdissant du véhicule. Nous sommes attendus... N'ayez crainte... et ne bougez pas avant mon autorisation. Tout se passera bien. Ce soir vous dormirez au « Couvent des Capucinas » !

Un peu à la fois, on en savait un peu plus sur le sort qui nous était réservé. Mais où est-elle la vérité, avec nos gardiens espagnols ? Après avoir traversé une partie de la ville de Barbastro, notre car s'arrêta devant un édifice austère, en pierres grises patinées par les siècles.

Le couvent des Capucinas ?

Ma surprise fut grande. D'un regard j'avais compris ce qui nous attendait, mon cœur se mit à se débattre : des soldats… des soldats… le fusil agressif, il en arrivait de partout, le car était cerné ! Une petite ouverture s'ouvrit, dans la grande porte de bois bardée de fer et de clous. Des officiers vinrent au-devant du car, et parlementèrent avec le gradé du convoi. La porte du véhicule s'ouvrit, des ordres en espagnol claquèrent comme des coups de fouet, les premiers Français furent précipités du car, la crosse du fusil dans les reins. Les mains sur la tête, ils franchirent, à grande vitesse les quelques mètres qui les séparaient de la porte cochère, et disparurent comme avalés dans la gueule de cet horrible couvent.

En fait de couvent, il n'y avait plus que l'inscription taillée dans la pierre, de religieuses, point !

Ce fut, la première et amère désillusion de mon aventure, sur le chemin de la liberté. Brave, j'avais cru à la bonne disposition, à la bonne foi des soldats espagnols. Tout ceci, au fond, n'était qu'une mascarade pour éviter une tentative d'évasion, à trente dans le car, nous aurions eu « tôt fait » de balancer par-dessus bord nos gardiens en espadrilles.

Je franchis le seuil, les mains sur la tête ! Nos petits gars surpris et hagards étaient tassés dans le hall, sous la menace des fusils braqués sur eux. La porte se referma inexorablement sur le dernier prisonnier. Un bruit sourd résonna étrangement dans le vide du hall, se répercutant en échos successifs dans les immenses couloirs de ce triste couvent.

Notre euphorie d'hommes libres, avait fondu en quelques instants, comme une poignée de neige, au soleil d'Espagne !

Nous étions devenus des prisonniers de l'état espagnol !

Dans notre cachot, dans cette petite cellule sombre et froide, nous étions six jeunes évadés de France, prisonniers pour avoir franchi illicitement la frontière en temps de guerre.

Aux yeux des autorités militaires et de la police, nous étions avant tout de très mauvais Français : anarchistes, francs- tireurs, résistants peut-être, qui avaient quitté la

France pour des raisons graves, et qui, pourchassés par les Allemands, avaient préféré la fuite en Espagne, c'est ce qui pouvait expliquer le comportement des soldats à notre égard. Fouille, interrogatoire sur interrogatoire, revenant sans cesse sur notre identité et les motifs de notre évasion. Nous n'avions plus aucun papier, plus d'argent, pas la moindre épingle. Nous avions même perdu depuis les premières heures de notre captivité, notre belle chevelure : tondu, le crâne rasé, fatigué, amaigri par le jeûne, des cernes sous les yeux, comme un criminel de guerre en puissance, je fus soumis à la photographie pour constitution d'une fiche anthropométrique, dossier qui serait envoyé dans les services de la police internationale de Madrid.

Ah ! Si ma mère avait vu son fils, une tête de portrait-robot, un vrai bandit, un coupable, quoi ! J'ai dû signer le document, reconnaître l'authenticité de cette nouvelle identité espagnole. Ma « gueule » n'avait plus rien de commun avec ce visage serein du jeune homme qui se promenait avantageusement, il y a peu de temps, dans les rues animées de la bonne ville d'Agen, à la recherche d'une jolie danseuse pour laquelle il s'était enflammé lors des répétitions au théâtre de la ville.

- Maintenant, me dit Jean en s'efforçant de prendre l'accent du midi, tu ferais peur à ta propre mère !

La vie en cellule que nous subissions, devait être semblable à celle que l'on rencontre dans toutes les prisons du monde : la perte de la liberté est un état qu'il faut subir soi-même pour en connaître les véritables souffrances, tant physiques que morales. Sans jugement, sans défense, nous étions relégués au cachot. Nous étions aussi sans dialogue avec nos gardiens, donc très vite sans espoir, condamnés à garder le silence. Lors de nos brèves sorties dans la petite cour de la prison, nous obtenions cependant, de temps à autre, des informations d'autres prisonniers, des « anciens ».

- Pas d'illusions les gars, il y a deux mois que je suis là !

Le mot célèbre, que tous les évadés de France apprendront en premier et garderont toute leur vie en souvenir de leur incarcération en territoire espagnol est bien sûr « manana » (demain), pris dans le sens le plus large du terme, c'était la réponse de la Guardia civile à nos questions portant sur une éventuelle libération. Manana, quel fol espoir ! Demain, sortir, retrouver la liberté, revivre quoi !

Dans mon projet d'évasion de la France occupée, un séjour en prison espagnole n'était pas envisagé, l'internement était donc très mal supporté. La peur de rester en cachot pendant la durée des hostilités en Europe nous prenait au ventre. Dans cette obscure cellule, aux murs et au sol de pierre dure et glacée, munie d'un petit soupirail par lequel nous parvenaient une faible lumière, un peu d'air frais, quelques bruits du monde extérieur, nous vivions sans espérance de longues heures pénibles.

À six, dans une cellule prévue pour deux, allongés sur le sol avec une pauvre paillasse et une triste couverture, avec un minimum d'hygiène - je ne veux insister sur ce point - nous avions une nourriture carencée : un jus noir, un quignon de pain dur, une soupe à l'eau, un autre quignon de pain…

À vingt ans, ce régime est des plus affaiblissants ! Une fois par jour, je remontais dans la cour intérieure de la prison pour la promenade surveillée. À l'intense lumière et sous l'effet de la chaleur, je chancelais. Quel contraste saisissant entre le froid cachot et le brûlant soleil d'Espagne ! Et, si je cherchais à me réfugier à l'ombre d'un bâtiment, j'étais très vite injurié en espagnol par un garde, le fusil à la main : il fallait sans cesse tourner, marcher, se taire, sinon… je ne connaissais guère l'espagnol, mais j'ai vite appris à obéir. Il y avait pour les récalcitrants, des cachots encore plus sombres, des corvées à faire où des allongements de détention. Alors, on finit par obéir « instinctivement » aux ordres gutturaux et agressifs de nos geôliers.

Quand j'évoque Barbastro, deux souvenirs marquants me viennent à l'esprit. Le premier est douloureux, il m'a beaucoup impressionné. Ma jeunesse fut heureuse, mon éducation soignée par une mère attentive et délicate, par contre je n'étais pas armé pour aborder brutalement les conséquences de la guerre, de surcroît la vie pénible du cachot, de connaître ainsi, par la force des choses, les horreurs que l'on côtoie fatalement en prison. Quelques prisonniers espagnols partageaient les cellules les plus éloignées de l'établissement. Ils avaient, nous le supposions, combattu d'une façon où d'une autre, les troupes victorieuses du Général Franco.

Arrêtés, jugés, et condamnés à mort, ces prisonniers attendaient leur exécution. Ils connaissaient, en plus, le terrible supplice de l'attente du jour fatal, car ceci durait depuis plusieurs années ! Nous ignorions les motifs de leur condamnation, mais leur présence ne nous était pas antipathique, bien au contraire, nous les entendions chanter, crier et même parfois pleurer. Ce qui m'a bouleversé, ce qui m'a brutalisé dans mon être sensible, c'est d'être à plusieurs reprises réveillé en sursaut, au petit matin, par la salve nourrie d'un peloton d'exécution, à une faible distance du couvent des Capucinas. Un homme avait cessé de vivre ! Nous étions, nous les petits Français, atterrés; la guerre civile était bien terminée depuis près de quatre ans. Peut-on encore tuer, comme ça, lorsque les passions se sont apaisées, entre frères n'y a-t-il pas un pardon possible ?

Et ce jour-là, lors de notre promenade quotidienne, nous arborions notre visage le plus triste, dans une indifférence totale aux observations lancées par nos gardiens, et nous retournions, la tête haute, vers nos cellules dans le plus grand silence. C'était notre légitime réprobation.

L'autre souvenir marquant de la prison de Barbastro est par contre, fort émouvant. Je revois - j'allais dire : je réentends - la voix de notre camarade d'évasion : Jean, chanteur d'opéra. Comme nous il venait d'Agen, et c'est par lui que nous eûmes connaissance de la filière. Je me souvenais l'avoir rencontré au cours d'une série de revues que les artistes réfugiés du Nord avaient données au théâtre d'Agen. Sa voix était superbe ! Dans le cadre austère de la prison de pierres froides, à ma demande, un beau soir il s'est mis à chanter, rompant ainsi la monotonie de nos interminables soirées. Par quel phénomène acoustique sa voix claire et forte se propageait-elle à toutes les cellules ? Toujours est-il que les applaudissements crépitèrent de toute part, les Espagnols intervinrent énergiquement pour faire cesser ce désordre.

Et puis le miracle arrive, quand personne ne s'y attend plus. Un soir un officier est venu demander à Jean de chanter « a cappella » des airs de la Bohême de Puccini... Ce fut sublime ! Émus, je pleurai dans mon coin. Des autres cellules, les applaudissements nous arrivaient comme le font les vagues successives venant mourir sur la grève... La trappe de notre cachot était ouverte, dans le couloir, les soldats espagnols écoutaient avec émerveillement cette voix prodigieuse, elle emplissait les vides, résonnait dans les corridors, montait au ciel par les soupiraux. Nous étions touchés par cette beauté par cette chaleur inattendue, contrastant étrangement avec le décor lugubre de cet étrange couvent. À ce moment-là notre moral était meilleur, on se remettait à espérer. Non, notre vie n'était par terminée, nous avions perdu provisoirement notre liberté, « manana », tout ira mieux demain...

Après chaque récital, la nuit était bonne, le repos réparateur, nous avions besoin de cet optimisme pour tenir.

En dehors de notre avenir, notre préoccupation première était de faire parvenir des nouvelles à nos parents. À plusieurs reprises lors des rassemblements des prisonniers français, les plus culottés d'entre nous avaient demandé, au risque de recevoir des réprimandes de la part des autorités militaires, la possibilité d'envoyer un message à nos parents : leur signaler que nous étions encore de ce monde; ils promettaient de ne pas révéler leur lieu de détention. Après de multiples palabres, nous étions autorisés à envoyer un premier message et, pour ce faire, nous reçûmes une demi-feuille de papier et une enveloppe jaunie. Ce fut une grande joie pour Jacques et moi, d'écrire quelques mots à nos chers parents que nous supposions dans l'angoisse depuis notre évasion.

Par prudence, en pensant que le courrier devait être surveillé à notre domicile d'Agen, nous nous décidâmes d'envoyer ce petit mot à notre chère tante Valentine, de Paris, en espérant qu'elle en informerait le plus vite possible nos parents…

Extrait du journal de mon père :

« AGEN, VENDREDI 9 JUILLET 1943. 22 heures…

Voici, aujourd'hui quatre semaines que vous nous avez quittés. Que le temps nous paraît long sans nouvelles, sans savoir où vous êtes, que devenez-vous ? Nous espérons que Notre-Dame de la Treille viendra à votre secours et que bientôt nous aurons la joie d'avoir de vos bonnes nouvelles. Je vous embrasse. Notre-Dame de la Treille, priez pour mon Jacques et mon Louis-Marie. »

« AGEN, VENDREDI 16 JUILLET 1943. 22 heures…

Comme de coutume, le même refrain me vient à l'esprit, en commençant ces lignes journalières : pas de nouvelle… C'est long ! Nous pensons bien à nos chers garçons, comme nous voudrions être près d'eux ! Nous gardons confiance en Notre-Dame de la Treille que nous implorons de nous exaucer.

Plus tard, quand vous lirez ces lignes, vous constaterez que votre papa ne vous oubliait pas, et qu'il était toujours avec vous par la pensée, que son cœur était constamment avec vous. »

« LUNDI 19 JUILLET 1943. 22 heures...

C'est encore une journée sans nouvelle de nos garçons qui se termine. Nous sommes toutes oreilles à écouter la T.S.F. croyant parfois reconnaître un nom ou un message de vous. »

« MARDI 27 JUILLET 1943. 22 heures...

Notre-dame de la Treille nous a exaucés, et je l'en remercie de tout mon cœur, car ce matin le facteur nous a apporté votre lettre de Barbastro via Paris, lettre datée du 19 juin. Que nos cœurs, à votre chère maman, et à moi votre papa ont battu avec joie ! Que nous avons été heureux de lire ces lignes écrites par vous en pays étranger, à l'abri des ennemis de la France. Heureux de vous savoir en bonne santé, après ces jours d'anxiété que nous avons connus dès votre départ pour les Pyrénées. Il nous reste à faire, votre maman et moi, le pèlerinage à Notre-Dame de Bon Encontre. »

*

Sans discours ni préambule, un beau jour, nous quittons Barbastro, transportés en camion, sous haute surveillance, attachés par deux par des menottes qui nous blessent les poignets. Nous sommes transférés vers notre nouvelle résidence espagnole : la prison de Saragosse. Plus récente, mieux adaptée à la fonction que l'ancien couvent des Capucinas, cette prison est un deux étoiles nouvelles normes ! J'ai le souvenir d'une débauche de grilles, de barreaux, de portes blindées, à vous décourager de suite de toute tentative d'évasion.

Dans le grand hall, dès notre admission, je devais commettre un acte regrettable, inadmissible ! Longtemps, je serai rongé par le remords. Cet acte, de ma propre décision, va coûter très cher à mon frère et à moi. Une fois de plus je vais faire confiance à la bonne parole de la Guarda Civil.

Un officier, en bon français, nous donne les règles à observer lorsque l'on est prisonnier dans une prison de la Province de Saragosse. De plus, il nous fait savoir qu'il sera procédé sur chacun de nous à une fouille minutieuse de tous nos vêtements. Il nous conseille, si nous avons de l'argent sur nous, de le donner avant la fouille, dans ce cas la somme sera inscrite sur un registre officiel et restituée à notre départ de Saragosse, sinon, l'argent découvert lors de la fouille sera bel et bien confisqué.

Je panique ! Dans la ceinture du pantalon de mon frère, ma mère a cousu une poche formant cachette, contenant 15 000 francs. « C'est une réserve, si un jour vous connaissez des moments difficiles…»

Je fais signe à Jacques. Il détourne la tête, ne sait que faire… Nous sommes au premier rang, ma conduite attire l'officier, il s'approche de moi. Les jambes écartées, les mains derrière le dos, il me regarde fixement… J'avance d'un pas, et reste au garde-à-vous.

- Mon frère et moi avons sur nous de l'argent pour le voyage, bredouillais-je.

Je me retourne vers mon frère, il me regarde le visage blême, les yeux hagards. Je deviens rouge ! Et puis tout va aller très vite : un geste de l'officier, deux soldats entourent Jacques, le secouent, le bousculent, déboutonnent son pantalon, arrachent la doublure, les billets claquent dans les doigts de l'officier, un torrent d'injures s'abat sur nous « en espagnol ». Je deviens cramoisi ! Les prisonniers français, eux aussi, se manifestent, et désapprouvent notre geste. L'officier élève la voix, il « gueule », même, pour rétablir l'ordre et le silence. J'ai la tête qui tourne... Qu'ai-je fait? Que je suis sot ! J'ai cru bien faire, nous ne reverrons jamais plus cet argent, il va même nous manquer cruellement dans quelque temps. Pendant plusieurs jours, j'ai revécu cent fois la scène, j'étais obsédé, j'eus même des insomnies. En cellule, mon frère face à moi me regardait fixement, il ne disait rien, son attitude était réprobatrice, je le sentais. Comprenait-il que j'avais agi spontanément dans notre intérêt croyant à la parole de nos gardes ?

De Saragosse, je conserve le souvenir du ballet sonore auquel se livraient nos gardiens, plusieurs fois par jour, à tour de rôle ; un garde promenait avec lui un tabouret pour accéder au barreaudage du soupirail, frappait ceux-ci avec une barre de fer, pour les faire « chanter » craignant sans doute, que nous occupions nos loisirs à scier les barreaux. Avec quoi? Étant fouillés à maintes reprises, n'ayant ni cravate ni ceinture, cette rituelle précaution nous paraissait superflue ! Il est vrai que la guerre civile avait laissé des traces dans les consciences et des habitudes chez les militaires, et que nous étions aujourd'hui considérés comme de véritables prisonniers d'un pays en guerre et non comme des réfugiés d'un pays voisin et ami.

Nous en fîmes l'amère expérience lors de notre départ de Saragosse pour le camp de concentration de Miranda del Ebro. Des camions militaires vinrent nous chercher à la prison pour nous conduire au train, attachés deux par deux par des menottes, nous étions debout entassés entre les ridelles des camions débâchés. La traversée de la ville se fit sous les huées de la population présente sur les trottoirs, certains parmi nous reçurent des pierres ! Il faisait beau, très chaud même, c'était le bel été espagnol ; ciel bleu et atmosphère de fête, quel contraste, il est vrai, avec ce convoi d'hommes mal fringués, tondus et mal rasés, que l'on conduisait rudement vers un camp.

Fuyant l'Allemand on pouvait en effet nous considérer à cette époque comme des « rouges ». Or, les « rouges », ici, on les connaissait fort bien pour les avoir combattus et pourchassés d'Espagne, et ce pays se situait politiquement dans le prolongement de l'axe Rome-Berlin. Si éprouvé par la récente guerre civile, Franco ne pouvait être que de cœur avec Hitler, en lutte contre les Bolcheviques. C'est dans ces conditions que j'ai visité la belle ville de Saragosse en Aragon, et aperçu sa remarquable cathédrale : Nuestra Senora Del Pilar, édifice de proportions grandioses.

Hélas, je terminai le trajet dans d'horribles souffrances : attaché par les menottes à un Parisien qui n'avait jamais cessé de gesticuler pour regarder les filles sur les trottoirs, mon bracelet s'était resserré de plusieurs crans. C'est ainsi, les menottes sont conçues pour se refermer à la traction. J'ai crié, supplié mes gardes de me soulager en ouvrant les menottes avant de sauter du camion avec mon codétenu, craignant une aggravation lors du choc. À deux, il fallait avoir un parfait synchronisme pour se recevoir ensemble, accroupis sur le sol.

Ce que l'on fit après discussion, mais sous la menace d'un fusil, croyant peut-être à une supercherie de prisonnier pour tenter l'impossible évasion. J'engueulais un bon coup mon coéquipier d'infortune, et comme je n'avais pas le choix du compagnon de voyage, je le menaçais de lui envoyer un coup de pied mal placé si cela devait se reproduire.

Mais notre départ de la gare de Saragosse fut des plus mouvementés, et nous oubliâmes très vite cet incident.

À peine embarqués dans un wagon de voyageurs à couloir central, nous fûmes prestement attachés à des barres verticales, là, nous reçûmes sans sommations une magistrale correction. C'est un groupe de jeunes gens « en uniforme bleu » qui fit irruption dans le wagon, se jeta sur nous, et nous donna sans autre forme de procès, des séries de coups de poings et de coups de pieds, sous l'œil amusé et détendu de nos gardiens.

Mon compagnon prit un violent direct au menton, tournoya avant de s'abattre dans les sièges vides. Attaché à lui pour le meilleur et pour le pire, je valsai au sol sans avoir reçu de coup direct et fis le mort, comme on dit, échappant ainsi au pugilat. Bien m'en prit car d'autres compagnons, mon frère et Jean reçurent une volée de coups à la face et en plein estomac, agrémentés de coups de pieds dans les tibias. On entendait crier les petits Français de partout !

Soudain un officier habillé de bleu surgit et intervint énergiquement, lança des ordres et fit cesser cette corrida.

Les évadés de France se relevèrent et firent, en silence, l'inventaire de leurs blessures. Le train s'ébranla en direction de Miranda del Ebro.

Nous apprîmes très vite par nos gardes qu'il s'agissait d'une section de la division Azul, jeunes Espagnols volontaires, allant combattre le bolchevisme sur le front de la Russie, aux côtés des Allemands... Sur l'autre quai de la gare, le train en partance prenait la direction de Berlin. En cet instant, dans ce monde en guerre, de jeunes hommes d'une même génération, mais d'idées totalement opposées, s'étaient accidentellement rencontrés dans la gare de Saragosse : ce fut le brusque éclair d'un soir d'été, quand le ciel de l'Europe est à l'orage.

Le camp d'internement de Miranda est relativement proche de la gare. Du quai nous le découvrons très vite, plusieurs clôtures en fils de fer barbelés, apparemment infranchissables, le ceinturent. La périphérie est peuplée de miradors dans lesquels s'agitent des sentinelles, le camp lui-même se compose de nombreuses baraques construites en planches et peintes à la chaux. La disposition symétrique de ces bâtiments forme des ruelles ou des boulevards.

L'aspect extérieur est soigné. C'est la façade du camp tournée vers le monde extérieur. Au fur et à mesure que l'on franchit les grandes portes grillagées, c'est progressivement la déception, ce camp ressemble à tous les camps de concentration, cependant nous conservons un bon moral.

Il est vrai, qu'à la sortie des cachots de Barbastro et de Saragosse, nous avions, il faut le reconnaître, une certaine joie à retrouver un vaste camp, où nous pourrions marcher, prendre l'air à notre guise, nous exprimer avec d'autres Français, internés comme nous.

Prisonnier pour prisonnier, le camp me paraissait plus supportable que la cellule, où tassés comme des sardines en boîte, nous vivions sans hygiène, bouffés par les punaises. C'est donc avec un certain optimisme que nous effectuâmes les lentes épreuves d'incorporation. L'appel, la distribution d'une pauvre couverture, d'une gamelle bosselée, et l'attribution de notre pabellon (baraque) sous l'autorité responsable d'un cabo. Le chef de baraque était un interné français désigné par les autorités espagnoles.

Notre bâtiment, comme toutes les baraques, était sale. Quelle tristesse s'empara de nous quand nous la découvrîmes au fur et à mesure que nos yeux s'habituaient à la quasi obscurité qui régnait à l'intérieur : deux étages d'alvéoles en planches grossières, mal rabotées, en guise de lits. Au sol des déchets de toutes sortes, de la poussière, des boîtes de conserve vides, une atmosphère surchauffée, une odeur de sueur et cendre froide.

Au fond, tout ceci n'est pas très important, l'essentiel c'est que nous sommes tous les trois ensemble : mon frère Jacques, Jean notre ami, et moi.

- Si nous allions visiter notre village de vacances ! m'écriai-je, avant d'aller à la Bandera.

- La Bandera ? s'exclama Jean qui n'avait pas écouté les instructions de l'autorité militaire.

- À l'appel du soir, nous devons saluer le drapeau espagnol, et crier : « Vive Franco ! »

Tout d'abord nous sommes très étonnés de croiser un monde hétéroclite. Nous avons l'impression qu'il y a tous les âges et toutes les nationalités. La tenue des internés est choquante : elle va du simple slip, au vieux treillis crasseux, en passant par le pantalon bleu foncé impeccable et chemise blanche fraîchement repassée.

Les quartiers qui constituent le camp, sont différents les uns des autres, ici un quartier réservé aux affaires, là, un quartier populaire avec ses petites boutiques, où il y a foule, car paraît-il, on trouve de tout, mais avec beaucoup de pesetas. Enfin, un quartier plus sélect, plus désert aussi, lieu de promenade et de rencontres pour une classe intellectuelle. C'est notre première impression de la visite du camp qui s'acheva par la Bandera.

Après l'appel, les internés alignés au garde-à-vous doivent assister obligatoirement à la descente des couleurs, pendant l'exécution de l'hymne espagnol. Je me souviens de ce premier soir, le drapeau descendait lentement le long du mât, les flonflons de la fanfare se perdaient dans le labyrinthe des ruelles. La chaleur était tombée, les couleurs du jour finissant barbouillaient les dents acérées de la Sierra lointaine. Jean, Jacques et moi étions bel et bien engagés dans une nouvelle étape, sur les chemins vers la liberté : le camp d'internement de Miranda. Pour combien de temps ? Nul ne pouvait répondre à cette question, que les anciens, d'ailleurs ne posaient plus.

Dans notre baraque au confort rudimentaire, la nuit était bienvenue. Il fallait gommer les fatigues de notre voyage mouvementé. Hélas, je fus réveillé brusquement par un vacarme inattendu : des rats, des rats partout ! Des gros rats comme des petits lapins, qui couraient à la recherche de quelque nourriture, montant dans les gamelles, inventoriant les boîtes de conserve vides placées sur les bois de charpente, les faisant tomber en les déplaçant d'un coup de museau.

Sur une large planche, un gros rat prit en enfilade une série de petites boîtes qui nous servaient de verre, les projetant sur un compagnon en plein sommeil. Après plusieurs jours, l'habitude aidant, on ne se réveille plus pour un tel concert. Pourtant cela arrive tous les soirs, dès que le silence s'établit dans la baraque, les rongeurs des décharges voisines, sur les rives de l'Ebre, viennent en nocturne dans le camp à l'idée d'un bon festin. Cela est repoussant et peut faire peur. Quand je pense à certaines jeunes femmes qui montent sur une chaise à la vue d'une petite souris, ici à Miranda il y a de quoi attraper une syncope : assis sur ma paillasse, à la lumière des veilleuses installées dans le dégagement central de la baraque, j'en voyais des centaines ! Et pas timorés du tout ! Ils vous passent et repassent sur le corps, détalant à toutes pattes si vous bougez un peu. Un jour Jean, se réveilla en sursaut, faisant fuir par son cri, un grand nombre de rats : il venait de recevoir sur le nez une grosse boîte de fer, avec un rat dedans, sans doute, celui-ci était-il en train d'en faire l'inventaire, quand il perdit l'équilibre !

Il fallait admettre cette évidence, se recoucher et essayer de dormir.

Le matin au réveil, ce fut le constat d'une autre calamité, un autre petit drame, que nous avions subi au cours de la nuit : nous étions tous les trois bouffés par les punaises, paupières et lèvres gonflées, cou et poignets boursouflés de piqûres. Il s'est avéré très rapidement qu'il nous était impossible de lutter efficacement contre ces bestioles : elles étaient nombreuses et bien organisées. Il y avait d'abord les parachutistes qui descendaient du plafond en vol plané, quelques éclaireurs, puis des fantassins en ordre de bataille. Le moment venu, lorsque vous ne bougiez plus, la troupe, en file indienne, s'infiltrait dans les manches, par le cou et les bas de pantalon.

Il arrivait fréquemment la nuit d'entendre des injures et des bruits de semelles frappant le bois ou le ciment, pour détruire ces sales bêtes. L'odeur d'une punaise écrasée m'est difficilement supportable, pourtant tous les soirs je me livrais à une lutte sans merci, et d'ailleurs sans espoir : il y en avait toujours qui sortaient des murs, des cloisons, des poutres du plafond. Je liais les manches de la chemise avec une ficelle, serrais un mouchoir autour du cou, et remontais les chaussettes sur le pantalon, essayant, alors, de m'endormir étroitement serré dans cette sale couverture.

Après les rats et les punaises, nous fîmes connaissance avec les poux ! Ils s'échangeaient rapidement et involontairement d'un prisonnier à un autre. Nos vêtements étaient leur repaire. Des démangeaisons particulièrement intenses, nous donnaient des lésions de grattage. Le dictionnaire dit que la « pédiculose » s'observe fréquemment chez les miséreux, les vagabonds, et tout individu vivant dans de mauvaises conditions d'hygiène. C'était bien notre cas.

Au camp de Miranda, pour une moyenne de 3 000 détenus, il n'y avait qu'un seul filet d'eau, pour tout faire : se désaltérer, se laver le corps et les vêtements. Inutile de vous dire que nous passions une matinée entière, chacun à notre tour, pour faire la queue à la fontaine. Queue interminable, où nous avancions, munis de récipients les plus divers réalisés à partir de grandes boîtes en fer blanc, munies de cordes ou de lanières de cuir en guise de poignées. Pendant ce temps, les copains de baraque se rendaient sur les Champs-Élysées, notre plus large avenue, ils s'asseyaient en ligne, torse nu au soleil, pour enlever un par un, les poux de leurs vêtements tout en se racontant les dernières nouvelles du village.

Petit à petit, on pénétrait dans la vie intérieure du camp : c'était tout un monde bien à part !

La combine était reine. Dans toutes ces petites boutiques, on y trouvait bien des choses et bien des services. On pouvait manger un éclair, boire une tasse de chocolat, y trouver un savetier, ou un fabricant d'ustensiles de ménage. Mais il fallait beaucoup de pesetas ! Hélas, mon frère et moi étions sans argent depuis Saragosse. Dans le domaine du marché noir intérieur, les « estraperlos », des rouges espagnols condamnés à mort, graciés, prisonniers à vie, régnaient en maître avec des connivences extérieures et la complicité de nos gardes. J'ai dû me résoudre à vendre ma montre et une chevalière en or venant d'un oncle à ma mère. Cadeau sentimental. Cela m'a beaucoup coûté de les perdre dans de telles circonstances et à quel prix ! Avec cet argent notre seul souci était la nourriture. Il fallait manger pour tenir le coup, conserver le moral, nous avions très faim.

La ration alimentaire était pauvre en calories, et nettement insuffisante pour un jeune homme de vingt ans, à peine de quoi survivre : le matin de l'eau chaude appelée « café » avec un pain de cent grammes. Soupe à midi (le rancho) soupe à 18 heures, quelques légumes et des oignons crus nageant dans un jus tiède, rehaussé d'huile d'olive, parfois accompagné d'un plat de riz jaune et collant !

Le cabo surveillait les hommes distribuant les rations. Un supplément de rancho était accordé à ceux qui prenaient en charge les corvées de baraque. Je n'avais guère d'appétit pour cette nourriture, depuis que j'avais découvert un intense trafic de mouches, véritable pont aérien entre les cuisines et les latrines, le lieu le plus horrible qu'il m'ait été donné de voir, et que nous appelions entre nous : « chez l'Franco » !

Par respect pour mon lecteur, je ne m'étendrai pas sur la description de ce grand pavillon ; sachez seulement que le sol en ciment présentait des trous d'évacuation, presque toujours bouchés, offrant une vue générale horrible, et dont l'odeur, par cette chaleur, battait tous les records de puanteur... Si les conditions de détention étaient difficilement soutenables, l'évasion était impossible. La surveillance à partir des miradors était stricte, de jour comme de nuit. Pendant mon séjour, un jeune interné dépressif, avait tenté, une nuit d'escalader la première clôture grillagée, il est mort sous les balles espagnoles. Le bruit des détonations dans le silence de la nuit vous réveille brusquement, il est alors impossible de retrouver le sommeil : un jeune Français qui n'avait commis que la simple faute de traverser la frontière clandestinement, est mort sans sommations sur le chemin qu'il croyait être celui de la liberté… C'est une nuit que je ne peux oublier !

Personnellement, si je suis en vie, je le dois à l'excellent réflexe que j'ai eu un beau matin : d'après mon frère, m'étant approché trop près du premier rideau de barbelés, je fus rappelé à l'ordre par un soldat du haut de son mirador. Distrait, je ne l'entendis pas, mon esprit planait ailleurs. Derrière moi un autre garde est arrivé le fusil menaçant et m'a crié un ordre en espagnol, je ne l'entendis toujours pas. Ce soldat leva alors son fusil en le prenant par le canon, pour m'administrer un coup de crosse fatal. Le soleil projeta l'ombre de l'arme sur le sol blanc éclaboussé de lumière, là, juste devant moi ! Instantanément je compris tout et me baissais brusquement : la crosse du fusil siffla en moulinant l'air, je détalais de toutes mes jambes en hurlant de peur. Le garde tournicota, emporté par son élan, j'en profitai pour me perdre dans la foule des internés. C'était de ma part une distraction bien fâcheuse qui aurait pu me coûter la vie !

Au camp, jour après jour, le temps lentement s'enfuyait, péniblement et comme sans espoir…

Extrait du journal de mon père :

« AGEN, LE 25 AOÛT *1943.*

Une semaine de plus qui se termine sans nous apporter de vos nouvelles, pourtant nous les attendons impatiemment, et nous demandons chaque jour à Notre-Dame de la Treille de venir à notre secours, de nous faire savoir où vous êtes, ce que vous faites. Comme nous voudrions savoir ce que vous devenez, c'est vraiment long et dur à notre cœur de ne rien savoir de vous. C'est un grand sacrifice que nous offrons à DIEU, pour que vous soyez heureux.

Ce matin, je me suis présenté au commissariat de police, il y avait une convocation pour Louis-Marie. C'était pour un changement de domicile, du fait qu'il ne percevait plus les tickets de rationnement, et qu'il n'avait pas répondu à une précédente convocation. Je lui ai dit que mon fils était parti… le commissaire alors m'a répondu : « S'il est parti en Allemagne c'est pour moi une affaire classée ».

Alors, je lui ai fait un petit signe de la tête…

Cet après-midi, j'ai eu la visite d'un agent de la Sûreté qui venait avec un ordre de mission pour inviter Jacques à rejoindre « immédiatement » les travailleurs pour l'Allemagne. Je n'ai pu que lui répondre que mon fils Jacques n'était plus ici, depuis un certain temps, et que je ne savais pas où il était actuellement. Alors, il m'a demandé de visiter toute la maison ainsi que les dépendances. Je lui ai fait tout visiter, sans la moindre hésitation, sachant qu'il ne trouverait ni mon Jacques, ni mon Louis-Marie. Il a même ouvert les armoires dans les chambres, et regardé s'il y avait du linge de vous. Votre mère - vous la connaissez - avait rangé toutes vos affaires et monté les cartons dans la soupente. Alors, je lui ai offert un verre de vin. Il a accepté, et s'est assis à la cuisine, se montrant tout à coup très gentil avec moi. Je me suis méfié de son excès de gentillesse.

« Si votre fils est bien à l'abri, il a raison de ne pas partir pour l'Allemagne - silence de ma part - Mais, je devrais vous emmener à sa place, ce sont les consignes des autorités allemandes ! »

« Faites ce que vous devez faire » lui répondis-je en me levant.

Il me sourit, se levant à son tour me dit : « Vous êtes un brave homme… »

Et, regardant le ciel plombé qui stagnait depuis un bon moment sur la ville d'Agen : « Je vais me dépêcher, je crois que nous allons avoir un bon orage.

Alors il s'est levé, m'a salué, rajustant son imperméable, il traversa rapidement la terrasse, et disparut comme avalé par le grand escalier du jardin. L'orage grondait sur la vallée de la Garonne, quelques brefs éclairs, et la pluie s'est mise à tomber, soudaine et violente. Refermant la porte de la cuisine, je me suis assis, je n'avais plus de jambes. Ouf! J'ai eu chaud. Cette première alerte s'était au fond bien passée. Maintenant, ce qu'il faudrait à votre maman et à moi, c'est de recevoir de vos bonnes nouvelles. Nous vous embrassons fort. »

MIRANDA, le... ?

Je ne sais plus quel jour nous sommes. Quelle importance ! Deux mois de prison, trois mois au moins de camp d'internement, atteint de dysenterie, victime de déshydratation, j'ai perdu au moins vingt kilos. Le moral n'est plus bon du tout ! Je refuse quotidiennement le « rancho », son jus, ses oignons crus, j'essaye d'obtenir le plus de riz possible, mais je suis pris de violentes coliques, et dois me rendre chez « Franco » de très nombreuses fois par jour, ce qui est franchement désagréable. Après une fièvre élevée, les selles sont sanglantes : je redoute une hémorragie intestinale. Le soir, pour atténuer mes douleurs, je pose mon ventre sur le froid ciment des trottoirs cela me soulage un instant, avant d'aller essayer de dormir.

À l'infirmerie du camp (quand même signalée par une pancarte), on fait journellement la queue. On obtient du médecin français, interné comme nous, ou du médecin espagnol, en visite, un banal diagnostic :

- Vous êtes atteint de « Mirandite », comme beaucoup de vos camarades...

Il n'y avait aucun médicament pour nous soigner. Le plus gravement atteint obtenait un lit à l'infirmerie, les autres à demi mourants, partaient en ambulance à l'hôpital militaire de Victoria. (Plus de trente-cinq Français sont décédés à Miranda de cette maladie).

Pour survivre dans de telles conditions d'hygiène et de mauvaise nourriture, j'entrepris un combat de chaque jour. Mon frère et Jean s'empressèrent de trouver dans les petites boutiques du camp de la nourriture saine : un peu de thé ou de chocolat. Ils m'assistèrent beaucoup en ces jours difficiles où une maladie m'avait physiquement ruiné. Ils m'aidèrent de leur mieux à supporter l'enfer carcéral, dont personne n'entrevoyait la fin.

On peut me parler des interventions bénéfiques de l'Ambassade de France à Madrid, ou des démarches de la Croix-Rouge, de ce côté des barbelés je n'ai véritablement pas observé une volonté évidente de ces organismes pour soulager notre misère ! Je reste sceptique quant à leur réelle efficacité. Il est vrai que nous fuyions la France et le Service du Travail Obligatoire prôné par Vichy, pour aller avec les Alliés nous engager dans une armée, en vue de libérer notre patrie du joug allemand.

Politique, tout ne serait-il que politique? Quitte à fermer les yeux sur certaines exactions, et passer sous silence certains faits qui ne correspondaient pas, à cette époque, à la pensée de nos dirigeants et de leurs représentants !

Bien sûr, nous touchions, en tant que prisonnier, 20 pesetas par semaine, quelques colis de la Croix-Rouge Internationale et d'organismes américains. Mais, vu les mauvaises conditions de détentions que nous subissions, cela, en définitif était bien faible.

Je me souviens qu'un représentant de la Croix-Rouge était venu voir notre camp, mais il était resté à l'extérieur, de l'autre côté des barbelés. Ce bel homme bronzé, en costume de flanelle blanche, debout sur son Hispano décapotable, nous a longuement regardés.

Peu de temps après, j'ai appris que la Croix-Rouge Française - mais branche dissidente rattachée à Alger - avait nommé à Miranda un représentant. Celui-ci aurait eu des entretiens secrets avec le Chef du bureau français du camp. Toutefois un bruit courut comme une traînée de poudre : un accord aurait été passé avec les autorités espagnoles de Madrid, l'évacuation progressive des internés du camp de Miranda était envisagée sous certaines conditions. Pour les plus affaiblis et les plus démoralisés, une telle nouvelle redonna vie et espoir, mieux que n'importe quel médicament !

Le chef du bureau français, entouré de secrétaires et de gardes du corps, fut assiégé. Conséquence, il devint de moins en moins accessible. On devait, soi-disant, dresser des listes. En firent l'assaut tous ceux qui revendiquaient un départ prioritaire ; en tête les officiers et soldats de carrière, les diplômés des grandes écoles, les copains du bureau français, les copains des copains... comme toujours ! On bousculait les petits, les sans grade, les faibles, les malades. Le rêve qui hantait tous les esprits : se faire inscrire « en priorité » sur la première liste, après, on ne sait jamais ! Partir... il faut partir !

À côté des Français, nos amis belges, les Anglais ou les Canadiens, faisaient meilleure figure, avec plus de discipline et d'organisation.

Cependant les jours passèrent, et notre espoir retomba comme un soufflé refroidi. Étant très faible, maintenant je restais allongé pratiquement toute la journée, avec comme compagnie les poux, les punaises et les rats. Dans mes nuits d'insomnie, quand les rongeurs exécutaient leur ballet nocturne, parmi les boîtes de conserve vides, je revoyais sur l'écran de mes souvenirs, des scènes de mon heureuse enfance.

En effet de nombreuses séquences de la vie familiale me revenaient à la mémoire, bonheur simple avec mes parents et mon frère Jacques. Tous les quatre ensemble, le dimanche nous explorions la région du Nord, ses petites routes, ses coins rustiques, la côte et ses immenses plages. Ah ! et ces sorties avec ma tante Valentine et ses quatre filles, mes cousines ! Que de joyeux souvenirs me revenaient à l'esprit…Jje revoyais ces déjeuners bruyants et animés dans les auberges de la campagne environnante, où la table était mise sous les frondaisons, quand le soleil de juillet était de la fête. Quelle santé, cette tante Valentine ! Elle nous communiquait une joie de vivre qui débordait de notre table pour se répandre à toute l'auberge. Alors, on rentrait à Lille, le soir, et chez elle on continuait la réunion de famille en faisant des frites, et en jouant à des jeux de société, pour rire encore une dernière fois.

Nous allions en vacances, tous les ans, à la mer, sur une plage du Nord. Mais, les plus beaux souvenirs de mon adolescence, je les revis, par la pensée, dans le décor provincial et coloré de la Champagne.

Ma mère est née à Sézanne. Dans cette petite ville, pendant la guerre 1914-1918, elle fut infirmière bénévole. Dès la bataille de la Marne, en septembre 1914, elle reçut de nombreux blessés arrivant du front établi à quelques kilomètres de là. Mon père y arriva très gravement touché de quatre balles dans la poitrine. Ma mère le soigna et s'attacha à lui. Ils s'aimèrent, il fut sauvé. Ils se marièrent en 1918. Chaque année nous retournions tous les quatre dans la famille de ma mère, avec, en plus, le plaisir de découvrir ce charmant pays, sous les couleurs de l'été finissant. Adolescent, c'était pour moi un délicieux voyage. Quel bonheur de retrouver grand-mère et grand-père, qui vous accueillaient avec tant d'émotion, bonheur partagé, car tous nous étions heureux de ces retrouvailles annuelles. Les tablées étaient vivantes et gaies. On invitait la tante Marie au dessert, puis on prenait plusieurs voitures pour aller à Corfélix voir notre très vieille tante Henriet. Le lendemain, le cousin Georges nous montrait avec fierté, les derniers modèles automobiles venus de Paris, qu'il exposait dans son garage de la rue Notre-Dame. Il y avait une joie de vivre sans cesse renouvelée, chaque jour était pour moi un jour de fête ! On étudiait ensemble le programme de la journée : visites, déjeuner sur l'herbe, promenades, ou cueillette de fruits dans le grand verger de tante Marie. Je me souviens de ces veillées tardives sur le banc du jardin, sous les marronniers qui nous embaumaient des senteurs de l'automne. Cela sentait bon le bonheur. Bon comme la confiture de prunes ou de mirabelles que confectionnait avec amour, cette chère tante Marie. Bon comme l'odeur du feu de bois allumé, à la tombée de la nuit, dans le grand salon chez les Lorin. Bon comme le parfum suave des sous-bois des limonières, que l'on explorait avec grand-père, tout heureux comme nous de dénicher et de faire sauter les grenouilles dans l'eau glauque des étangs.

Parfois, mon frère et moi - comme beaucoup de garçons de notre âge - nous jouions à la guerre avec des marrons ramassés dans les allées voisines. Alors nous nous faisions vertement réprimander par notre tante, car nous abîmions, par nos poursuites effrénées, le potager et le verger qu'elle entretenait avec dévotion. Un jour j'avais acculé Jacques dans le sous-sol de l'habitation : « Rends-toi, tu n'as plus de munitions ! » décriai-je de l'escalier d'accès aux caves. Pas de réponse à cette sommation. Soudain Jacques tente une sortie désespérée, me visant avec un boulet de charbon ramassé dans les caves. Ce projectile m'atteint en plein dans l'œil gauche. Sous la douleur, je vacille et lâche mon tablier contenant ma réserve de marrons. J'ai eu très mal, nous avons eu tous très peur. Depuis ce jour, mon petit frère et moi nous ne nous battions plus : nous l'avions promis à notre tante Marie. Elle nous aimait beaucoup, même quand elle criait après nous, du haut de la terrasse : « Ah ! Les sales gamins ! »

MIRANDA… UN MATIN D'OCTOBRE.

Cette nuit je fus retrouvé inanimé sur le sol de terre battue d'une grande allée, par une patrouille de soldats. Ayant perdu connaissance, ils me conduisirent à l'infirmerie. Normalement, il était interdit de circuler la nuit, sauf pour se rendre chez « Franco » en cas d'urgence, à condition d'être en petite tenue, en caleçon par exemple, pour être repérable sous le faisceau des projecteurs. La dysenterie, l'absence de médicament et de nourriture saine, avaient eu raison de mes dernières forces. Mon frère Jacques, très inquiet, me chercha dans tout le camp une grande partie de la matinée. Il me découvrit à l'infirmerie, et me sourit, soulagé de me retrouver après un si long temps de légitime angoisse. À demi-conscient, je lui tendis la main, j'étais trop faible pour lui parler, et quoi lui dire ? Nous nous étions déjà tout dit. Dans ce camp, nous étions en train d'y laisser la force de notre jeunesse, peut-être nos plus belles années, le monde en guerre avait bien d'autres préoccupations que ces modestes Français prisonniers des Espagnols :..ici on pouvait mourir tranquillement ! Devant mon état, le médecin français me fit inscrire pour être transféré en urgence, dans un « Balnério » proche, où je pourrais être enfin soigné. De son côté, mon frère tenta une démarche, près du bureau français pour être inscrit sur la même liste de départ : nous nous étions promis quoi qu'il arrive, de rester ensemble.

De nouveau le temps s'écoula, lentement. Et puis brusquement, un jour, à la Bandera du matin, l'annonce fut faite d'un imminent départ pour le Balnério d'Urberuaga de Ubilla, les noms des partants furent cités juste avant l'embarquement pour éviter tout mouvement de contestation. Seul le nom de mon frère Jacques fut prononcé ! Je fis des pieds et des mains pour faire comprendre aux autorités qu'il s'agissait en priorité de moi, comme malade et de mon frère comme accompagnant ! Rien à faire, la liste établie, acceptée par les autorités, ne pouvait plus être modifiée : ce qui était écrit était écrit. La grande porte grillagée du camp se referma après le départ du camion emmenant mon frère. Devant mon air profondément indigné, les soldats du poste de garde intervinrent, en me menaçant du cachot après m'avoir tondu. On comprend vite l'espagnol, surtout lorsqu'on joint le geste à la parole !

Je me souviens du visage de ces heureux Français qui, pour raison médicale pouvait ainsi sortir du camp de Miranda. Du haut du camion, ils arboraient tous un large sourire sur des mines fatiguées, tous sauf un, celui de Jacques, pâle, les traits tirés, triste de me laisser seul, malade de voir à son insu, les rôles s'inverser.

J'étais tellement déçu et faible, que je me blottis dans un coin pour y pleurer pendant des heures. Je vécus ainsi huit jours de grande solitude et de tristesse, sans parler à personne. Et puis, à force de se concentrer sur un problème, on retrouve une force intérieure que l'on croyait disparue; j'intervins énergiquement près du bureau français, je fis une excellente démarche : on reconnut qu'il y avait eu confusion sur la liste officielle mon nom avait été rayé. Un responsable a évoqué une erreur possible, en lisant deux fois le même nom (à moins que… un petit copain ait profité de ma place, je ne le saurai jamais). En réalité notre séparation sera de courte durée puisque dix jours après je retrouvais mon frère au « Balnério d'Uberuaga de Ubillla », dans la province de Viscaye, près de Bilbao.

URBERUAGA DE UBILLA...

Malgré ma grande faiblesse, mes souvenirs restent précis.

Je descendis du car avec lenteur, j'étais au bout du rouleau, totalement épuisé, et infiniment heureux ; non seulement je retrouvais mon frère - en lui tombant dans les bras comme un pantin désarticulé, croulant d'émotion - mais je venais de respirer profondément une bouffée d'air frais. Il y avait comme une senteur de bois sauvage, un premier parfum de liberté.

Dans la vie, il faut parfois perdre l'usage du quotidien des choses simples pour les apprécier à leur juste valeur : un lit, vous savez ce que c'est qu'un lit, avec des draps propres, dans une chambre claire avec une fenêtre qui s'ouvre sur une cascade, au bord d'une forêt pleine d'oiseaux ? Après le ciment glacé des cellules, l'univers déchirant des barbelés, se retrouver dans un lit, soigné par une belle jeune fille brune, n'est-ce pas rêver ? Manger dans une assiette avec des couverts, boire dans un verre. Mais il y avait plus de cinq mois que nous avions perdu la notion de toutes ces choses qui font le confort de la vie de tous les jours.

Heureux, oui je l'étais, mais très faible encore, je crois bien que les premiers soirs je me suis endormi comme un enfant, oubliant très vite d'ailleurs, les tourments subis depuis mon départ d'Agen.

Cet ancien hôtel thermal, transformé en hôpital de campagne, pour accepter et soigner les Français malades en captivité, fut l'étape la plus reposante de mon périple espagnol.

Le Rio Ubilla passe au pied de l'établissement, celui-ci est adossé à la montagne couverte de forêt, un pont est le seul accès à une petite esplanade qui débouche sur l'ensemble des bâtiments et des services. Cette disposition rendait la surveillance du Balnério assez aisée. Des soldats contrôlaient le pont, mais aucun des internés, je vous l'assure, n'avait l'intention de tenter une évasion. Comparativement à nos précédents lieux de détention, nous étions au paradis !

Les locaux étaient vastes, d'une grande hauteur sous plafond, donnant parfois un volume étrange à certaines petites pièces, ou dégagements. Le tout était peint sobrement de couleur claire. Les malades internés se trouvaient en chambres communes, et nous étions regroupés par type de maladie. Des jeunes filles du pays venaient chaque matin assurer l'entretien de l'immeuble, elles prenaient en charge, également, le nettoyage du linge, la distribution des repas, mais n'assuraient aucun soin. Ceux-ci étaient donnés par de jeunes Français parmi les plus compétents d'entre nous. Le médecin espagnol venait chaque jour de la ville voisine, mais ne s'attardait que sur les cas les plus graves.

Cette présence féminine nous faisait beaucoup de bien : c'était bon pour le moral.

Après l'enfer du camp, nous savourions ce petit goût de purgatoire. On pouvait regarder, contempler, rêver ! Quand je voyais déambuler ces jeunes filles espagnoles au teint bronzé, tout habillées de blanc, bavardes et gaies dans les dégagements du Balnério, ou que « Blanca Nievé » cette belle fille brune à l'imposante chevelure, venait dans notre chambre apporter les boissons, je ne pouvais m'empêcher d'évoquer par la pensée, les souvenirs que ma mère « infirmière » m'avait maintes fois racontés.

« Septembre 1914, en Champagne la bataille fait rage. Les Allemands foncent sur Paris. La Marne est dépassée, les soldats français bousculés sans cesse, se replient pour repartir en contre-attaque meurtrière. Mon père sergent-major au 16e Bataillon de chasseurs à pied, est militaire depuis 1911 et se trouve avec son régiment, en ce début septembre, jeté dans la bataille pour endiguer l'offensive allemande; il a 23 ans.

Ma mère a suivi les premiers cours d'infirmière, après ses études au collège de Sézanne. En 14, elle sera infirmière bénévole de la Croix-Rouge, et retournera dans les locaux du Collège, transformés en hôpital; elle a 21 ans.

Le 7 septembre, près du château de Mondement, le 16e Bataillon de chasseurs se replie devant la poussée et la puissance de feu allemande. Sur la route, devant cette nouvelle débandade, un général français revolver au poing, prend à partie un groupe de soldats du 16e :

- Demi-tour, il vaut mieux mourir pour la France, que de reculer ! Sinon je vous brûle la gueule !

Les chasseurs font demi-tour, se cachent derrière les arbres qui bordent la route nationale. De l'autre côté d'un champ, les Allemands occupent la lisière du bois. Un officier français lance un « en avant ! » retentissant qui a pour effet d'entraîner une partie des hommes à travers le champ moissonné ; maintenant ils sont à découvert et tombent les uns après les autres sous les balles des mitrailleuses allemandes. Mon père est touché par une première balle en pleine poitrine, il s'écroule... Le sang sort de sa bouche, les balles continuent de siffler... Il rampe en direction de la route, il a aperçu un abri de cantonnier. Un de ses hommes s'en aperçoit :

- Vous êtes blessé Chef?

- Ce n'est rien, lui dit mon père, mais vous, prenez garde !

Quelques mètres plus loin l'homme s'écroule à son tour. Mon père se traîne, il n'arrivera pas à la cabane de pierres : une deuxième balle, puis une troisième, puis une quatrième, une dans le cou, trois dans le poumon gauche !

Dans la gare de Sézanne, à quelques kilomètres de Mondement, on trie les blessés et les morts. Ils arrivent du front par centaines, transportés dans des charrettes à foin ou autre tombereau ; le sol de la gare est rouge du sang de ces jeunes Français. Un quai pour les morts, l'autre pour ceux qui vivent encore. Alors les blessés sont installés dans les meilleures charrettes, et remontent vers les hôpitaux de fortune de Sézanne.

Un aumônier bénit les morts. Exsangue, mon père ne donne plus de signe de vie. Ils sont là, allongés à même le ciment, habillés de bleu horizon et de bleu sombre, tachés du sang rouge des martyrs. Chance inouïe, au moment même du passage du prêtre devant le corps de mon père, une bulle de sang se forme, se gonfle et crève sur ses lèvres... Alors l'aumônier traverse en courant le ballast, saute sur l'autre quai, celui des blessés, et interpelle : « Il y a un sous-officier qui vit, du moins je le crois ! Prenez-le vite et placez-le dans la prochaine charrette, on ne sait jamais. »

Les rues de la Gare et de Notre-Dame sont maculées de sang. Au collège on s'affaire à tous les étages, le service d'accueil est débordé... Les blessés arrivent à un rythme effrayant, le personnel, les lits, les pansements, les médicaments sont en nombre insuffisant. Le bloc opératoire tourne sans discontinuer. Les cercueils s'entassent dans le sous-sol. Le cimetière militaire de Sézanne s'agrandit tous les jours.

Ce soir-là, ma mère est à l'accueil des grands blessés. À son arrivée, on place mon père sur une civière dans l'attente d'un premier examen. On le déshabille, il est couvert de sang, sa chemise est déchirée par les balles (quatre petits trous sur la poitrine, trois dans le dos, une balle n'est pas ressortie). Le médecin ne lui consacre que deux minutes et s'adressant à ma mère :

- Mademoiselle Georgette, celui-ci est mal parti, il a perdu trop de sang, je ne pense pas qu'il passera la nuit.

Faites-lui tout de suite une transfusion, et ne le bougez pas trop. Laissez-le au rez-de-chaussée.

Ma mère ne retournera pas ce soir-là chez ses parents, elle passera la nuit près de lui. Le médecin Major la retrouvera le matin au chevet de « son blessé », mécontent, il haussa les épaules et dit :

- Mademoiselle, ne perdez pas trop de temps avec lui, il me semble vous l'avoir déjà dit, il ne survivra pas à ses blessures. Vous devez songer à reprendre votre place parmi les blessés de votre salle.

Après un long combat entre la vie et la mort, qui devait durer quatre mois, mon père vivra. Ma mère s'attacha profondément à ce grand blessé. Lorsque mon père quitta Sézanne pour une longue convalescence, dans plusieurs villes du centre de la France et de la Côte d'Azur, une correspondance soutenue s'établit entre eux.

Sitôt rétabli, mon père demanda à retourner au front, où il eut une brillante conduite. Il se verra, d'ailleurs, attribué la Médaille Militaire pour faits de guerre, obtint la Croix de guerre et fut cité à l'ordre du Corps d'Armée. Son infirmière dévouée sera titulaire de la médaille Commémorative interalliée et de celle de la Reconnaissance Française. Ma mère avait 26 ans quand le mariage fut célébré à Sézanne en 1918. Les cloches de l'Armistice n'avaient pas encore sonné... »

*

Étendu sur mon lit, dans la salle commune au premier étage du Balnério d'Uberuaga de Ubilla, mon état n'avait rien de comparable avec celui de mon père en 1914 ; il n'est pas question, en ce qui me concerne, d'établir un parallèle entre ces deux situations, d'ailleurs bien différentes, mais ce qu'il faut retenir, c'est que les enfants doivent vivre parfois des moments difficiles, douloureux même, comme la séparation, pour être amenés à penser, plus profondément, plus intimement, aux êtres qui leur sont pourtant les plus proches : les parents.

Nos plus chers souvenirs sont enfouis au plus profond de notre cœur, parfois ils remontent à la surface, comme des bulles, lors d'un rêve ou lorsque la fièvre vous tenaille.

Ma santé ne s'améliore guère. Quelques piqûres d'émétine pour combattre le mal qui me ronge, d'autres pour me remonter, pour m'aider à reprendre des forces. Malgré ces premiers soins, et une alimentation correcte, je reste néanmoins très faible. Ici, on doit se lever très souvent, plus pour les mêmes raisons : l'eau distribuée (et que l'on doit boire abondamment) provient des sources de l'Hôtel Thermal, elle est fortement diurétique.

Pourtant progressivement, je reprends goût à la vie, d'autant plus que l'on me propose de donner des cours d'électricité aux autres Français internés dans le cadre de notre Balnério. Il faut combattre le facteur ennui, la majorité des malades ne le font pas suffisamment, pour « tirer » ainsi de longues journées, sans une occupation de l'esprit. Comme l'on ignore encore et toujours quel sera notre sort, aucune réponse nous étant donnée quant à notre avenir, la décision nous concernant étant inéluctablement reportée à « manana ».

Assis sur mon lit, avec quelques feuilles blanches et un bout de crayon, je prépare un premier cours d'électricité (je venais d'obtenir à Marseille, mon certificat d'aptitude aux fonctions de radiotélégraphiste à bord des stations mobiles, préparant ainsi ma carrière d'officier radio de la Marine Marchande). Je me réjouis à l'idée d'être utile, d'intéresser mes camarades, de ne plus penser constamment au temps qui s'écoule en regardant les sentinelles faire les cent pas, sur le petit pont qui nous rattache au monde.

Mes forces revenant, les cours démarrent. C'est l'euphorie des commencements. « Tout baigne dans l'huile ». Ma façon personnelle de définir et de représenter la Fée électricité accroche les esprits curieux. Dans mes premiers cours, plus de quarante jeunes s'intéressent régulièrement à mes démonstrations. On se retrouve, tous les trois jours dans une grande salle de l'Hôtel, avec un tableau noir de fortune et quelques bancs.

Mais après ce bonheur des premières semaines, mes cours semblent de moins en moins faciles d'accès. Lassitude et usure du temps, mes élèves me quittent peu à peu. Une nouvelle fatigue me gagne. Je dois de nouveau garder le lit. Le médecin espagnol décide une nouvelle série de piqûres. Comme je l'ai déjà précisé, il n'y a pas de personnel soignant au Balnério, les infirmiers sont des évadés de France bénévoles, parmi les plus compétents d'entre nous. Le mien est un brave garçon de la Marine Marchande ; ici, il est tantôt coiffeur tantôt infirmier. La stérilisation des aiguilles est pratiquée de façon systématique ! Peut-on mélanger les seringues et les peignes ? Après une piqûre le pire m'arrive : un abcès se forme à la cuisse, la fièvre monte vertigineusement en quelques heures, pour atteindre le lendemain, et après une nuit d'insomnie, les sommets du thermomètre. C'est une septicémie !

Mon frère est à mon chevet, il ne me quitte plus. Je le vois à peine. Il me prend la main, je suis brûlant, il est très inquiet, je divague. Pire, la nuit suivante, je délire.

Il faut prévenir le toubib espagnol, c'est dimanche ! Viendra-t-il ?

Des heures d'angoisse pour ceux qui m'entourent, je ne conserve aucun souvenir de ce jour-là, sauf celui de la douleur me réveillant brusquement, je vois alors le médecin toucher ma cuisse, ma jambe était devenue hypersensible. À la clarté d'une lampe que l'on avait posée sur la table de chevet, je vois la lame d'un bistouri refléter un éclat de lumière, je pousse un cri horrible, il vient brusquement d'ouvrir l'abcès : le pus jaillit avec force et va tacher le beau costume clair que le médecin porte en ce dimanche. Je l'entends maugréer en espagnol en quittant la chambre. Après, je ne me souviens plus très bien, mais cette courte scène restera gravée en moi comme l'un des événements les plus douloureux de ma jeunesse.

On était en train de refaire mon pansement quand une agitation inhabituelle secoua le Balnério. Les portes claquaient. On courait dans les dégagements, on criait par les fenêtres... Soudain la porte de ma chambre s'ouvrit brutalement, mon frère apparut radieux, transformé, son visage était inondé de joie, il riait, pleurait, j'ai même cru un moment qu'il allait sauter sur le lit écrasant ma jambe malade :

- Nous partons... pour une destination inconnue... vers le sud... c'est fini... c'est fini... enfin je le crois bien !

C'est une joie immense qui déferle sur nous, qui éclate sur nos visages ; on chante, on danse, on crie comme des enfants. Soudain, on s'interroge, et si cela n'était qu'une rumeur, une simple rumeur, quelle déception ! Attendons une confirmation officielle, soyons prudents.

Et moi qui ne sais plus marcher, incapable de descendre seul du lit. À mon tour je suis inquiet dans la perspective d'un départ imminent : après avoir tant attendu, avoir peur de partir ! Quelle guigne !

Extrait du journal de mon père :

« AGEN LE SAMEDI 4 DÉCEMBRE 1943.

C'est moi, qui viens ce soir écrire ces quelques lignes pour mes chers garçons, car votre père est parti garder la voie ferrée... Ce matin, jugez ma joie de recevoir une carte de

Jacques, me disant qu'il était heureux, que tout allait bien, et qu'il buvait du bon vin espagnol. Quelle douceur à mon cœur de maman, mes chers petits, de vous savoir ainsi dans de bonnes conditions. Remercions ensemble, la divine Providence qui vous protège, et qui, je l'espère, nous réunira tous, bientôt. »

*

Ce même jour, quelque part en Espagne...

Cahin-caha, le train de marchandises secouait ses wagons à bestiaux, sur une voie ferrée disjointe, qui ressemblait plutôt à celle d'un train de foire. Mais ce train nous l'aimions déjà, car il nous conduisait, sans doute vers la liberté, à laquelle nous aspirions depuis des mois ! Avec la Guardia Civil nous n'avions jamais d'information complète, le bruit courait cependant que nous descendions vers un port, et que dans quelques jours...

Maintenant, je suis allongé sur la paille, adossé dans un angle du wagon. Les portes sont fermées et condamnées de l'extérieur. L'air et la lumière nous parviennent par de petits châssis grillagés, d'après l'inscription relevée par l'un de nos compagnons, ce wagon est valable pour les hommes et les chevaux !

Mes amis, en se relayant, m'ont porté jusqu'au train, incapable de marcher que j'étais. Quand nous avons demandé une civière, les gardes ont répondu que si j'étais malade à ce point, je devais encore rester au Balnério. Pas question ! Le plus ennuyeux était ce fameux pansement que j'avais sur la cuisse et qui devait être refait tous les jours. J'étais encore très faible, mais je ne souffrais plus. Je dormais souvent, bercé, je devrais dire « secoué », par ce wagon tout juste bon à transporter des taureaux. Le train roulait doucement dans la nuit; après avoir chanté quelques refrains de notre jeunesse, les évadés de France s'étaient endormis.

Qu'il est difficile de savoir si cela faisait partie du rêve ou de la réalité ! Heureusement, les secousses étaient si fortes, que lors de l'un de nos nombreux réveils, nous avions de suite le sentiment que nous étions bel et bien dans la dure réalité, mais heureux de rouler vers notre délivrance.

De ce long et pénible voyage, avec des arrêts et des manœuvres qui n'en finissaient pas, je conserve deux souvenirs marquants.

Me hissant tant bien que mal, soutenu par des copains, je vis par la petite fenêtre, l'extraordinaire Palais de l'Escurial, peu avant d'arriver à Madrid. Je conserve de cette vision, le souvenir d'une belle œuvre architecturale, de grandes dimensions, dans un décor de soleil, aux couleurs de terre et de ciel, inconnues de mes yeux.

- Nous sommes dans la bonne direction, s'exclama avec humour un jeune Parisien, nous commençons à voir des châteaux en Espagne partout !

Notre convoi s'était certainement allongé lors des dernières manœuvres dans les gares périphériques de la capitale espagnole. Il semblait devenu plus lourd, sa locomotive à vapeur, plus poussive, notre vitesse était encore plus réduite, qu'importe, maintenant nous avons le temps, nous ne sommes plus pressés. Le temps ne pèse plus de son poids incommensurable comme ces derniers jours, le facteur psychologique de l'espoir est très important chez les prisonniers. Hier nous étions capables de crise, de dépression, de violence, même. Aujourd'hui étendus sur la paille, nous nous laissons ballotter au gré de notre wagon, notre visage illuminé par un sourire de contentement. Pourtant les conditions de voyage étaient loin d'être satisfaisantes, tant sur le plan alimentaire que sur le plan hygiène. Et mon pansement qui ne sera pas encore refait ce jour !

Le deuxième souvenir marquant de ce trajet sera la traversée de la Sierra Névada.

La voie ferrée emprunte des défilés féeriques, au milieu d'énormes blocs de rochers, arrondis comme d'immenses dragées. Le tout parsemé d'une végétation rare et exotique.

Le long train serpentait au milieu de cette prodigieuse nature, donnant l'impression parfois, de chercher son chemin, soufflant, rechignant à grimper les côtes, sifflant pour un rien histoire de manifester sa colère. J'ai été surpris de la beauté des paysages, je ne pensais pas que cela pouvait exister, c'était beau comme un décor de cinéma, pour un grand film de cow-boys « made in Hollywood ».

Les arènes de Malaga nous offrirent leur hospitalité, si je puis dire. Le décor était là aussi, grandiose, baigné d'une étrange lumière ; les couleurs du couchant imprégnaient les sommets de l'édifice, tandis que la nuit commençait à noyer de pénombre les premiers gradins.

Vaste rassemblement de prisonniers français et autres, nous étions en effet des centaines, tous attachés par des menottes à des chaînes reliées à de grands piquets de fer solidement enfoncés dans le sol. Impossible d'oublier l'ambiance de cette dernière nuit passée à Malaga, sous le ciel étoilé de l'Andalousie.

Car maintenant nous savions tout ! Malaga grand port espagnol de la Méditerranée avait été choisi pour notre transfert en bateau vers l'Afrique. C'est d'ici, dans quelques heures que nous allions quitter l'Espagne et ses geôles ! Demain nous serons libres.

- Je supporte de moins en moins ces chaînes ! criai-je dans la nuit, ne trouvant pas le sommeil.

- Patience, me répondit Jacques, nous sommes à deux doigts de la fin de notre cauchemar. Pense à demain, nous serons en mer, tu te rends compte !

Quelques braseros sont allumés, la Guardia Civil veille encore sur nous. Bonne nuit les petits Français ! Mais nous ne dormirons pas de la nuit, tellement notre excitation est grande. Nos gardes - les pieds en espadrilles - nous proposent sous cape de l'anisette de fabrication régionale. Nous fouillons nos poches à la recherche de nos dernières pesetas. À nous trois nous arrivons péniblement à la somme demandée pour nous acheter une bouteille de ce délicieux breuvage, d'un commun accord nous décidons de la boire sur le bateau pour fêter notre libération. Au diable l'avarice, de toute façon nous n'avons plus besoin de ces pesetas, la mésaventure espagnole est terminée !

Le jour se lève, nous sommes fatigués. On nous attache au poignet deux étiquettes, on nous compte sans cesse. Tout cela est très bon, c'est l'espérance d'un prochain embarquement, tant pis si à première vue, nous avons perdu notre identité et que nous formons un grand troupeau dont on compterait les têtes sans relâche, l'essentiel c'est la promesse du départ.

Soyons dociles, que rien ne vienne perturber les dernières minutes, et que l'on remette tout en cause, ça non, nous ne pourrions le supporter !

L'attente est interminable. Enfin, nous sommes arrivés au port et nous respirons l'air de la mer, parfumé des senteurs de la liberté et de l'espérance, nous pleurons silencieusement.

Soudain, je découvre amarrés sur le quai, deux bateaux qui semblent vraiment nous attendre avec sérénité et patience. OUI, ce sont eux, le Sidi Brahim et le Georges Lépine, venus nous chercher pour nous conduire en Afrique. Nous sommes parqués devant le Sidi Brahim, vieux cargo battant pour l'instant pavillon britannique. Ce vieux rafiot est pour moi le plus beau bateau du monde ! Quand je serai à bord, je crois bien que je vais l'embrasser. Le bruit court que nous partons pour Casablanca. C'est une explosion de joie, la scène est inoubliable, on nous compte une dernière fois, et commençons à avancer en file, vers la passerelle d'embarquement.

Je pleure d'émotion, j'ai oublié ma jambe malade, je monte allégrement et me retourne vers Jacques, et je lui dis en pleine euphorie :

- Là-haut, je t'offre un verre d'anisette c'est ma tournée... le verre de la liberté, notre calvaire est fini !

Un dernier regard sur le port de Malaga, la ville est déjà lointaine, bien blottie dans ses montagnes environnantes. Qu'il fait beau et que la mer est belle ! Les flots scintillent jusqu'à l'horizon, et nous regardons fixement vers l'infini : notre proche avenir est là-bas ! Je respire à pleins poumons l'air du large, la joie me fait tressaillir, un immense bonheur m'envahit : je suis un homme libre !

Sur le bastingage, Jacques et moi, côte à côte, nous savourons la scène, les évadés de France continuent de prendre possession des bateaux libérateurs. Un coup de sirène nous fait sursauter et nous tire de notre rêverie, un coup de corne lointain : au large des bateaux de guerre vont et viennent et semblent nous attendre. Pour nous, tout va basculer vers un autre monde, vraisemblablement vers une autre vie, dont nous ne connaissons rien, c'est l'Aventure !

- Allons ! buvons un coup. Buvons-en deux. À notre santé, désormais la vie sera belle ! Zut, et mon pansement qui n'est toujours pas refait ! Tant pis, on verra demain !

Lorsque l'on a connu pendant plusieurs mois l'ombre constante des cachots, ou l'horizon barbelé d'un camp, l'air du grand large vous donne une certaine ivresse, surtout si l'on y rajoute quelques bonnes rasades d'anisette, dans de telles conditions notre moral était au plus haut.

Ce vieux rafiot, bananier de son état, était affecté depuis peu au transfert des réfugiés, de l'Espagne et du Portugal, vers le Maroc. Il y avait en ce 12 décembre 1943, plus de sept cents Français à bord, il devait être, pour les sous-marins allemands, une proie facile. C'est sans doute la raison pour laquelle deux avisos français et un contre torpilleur anglais étaient chargés de nous escorter, prêt à intervenir à toute mauvaise rencontre. Notre étonnement avait été de voir flotter le drapeau britannique sur les deux cargos français dans le port de Malaga, et de constater que le pavillon français avait été hissé dans les eaux territoriales. Plus curieux encore, la présence sur le quai au moment du départ de civils qui assistaient officieusement à notre embarquement et qui présentaient plus un profil germanique que méditerranéen !

Le jour lentement se mourait dans un drapé de brumes marines, aux subtiles couleurs du couchant. Le navire subissait la houle du grand large, plongeant son étrave dans les eaux sombres d'où jaillissait une crête de vague ourlée d'écume blanche, roulant ensuite d'un bord sur l'autre, pour s'enfoncer de nouveau.

L'heure n'était pas bien choisie pour les évadés sensibles au mal de mer, et auxquels on venait de servir le repas du soir : un grand plat unique de pois cassés. Très affaiblis, à la sortie des prisons, la majorité des convives furent victimes du mal de mer, qui en plus d'être rapide, se révéla fort contagieux !

Par-dessus le bastingage, les jeunes rejetaient aux poissons l'épaisse soupe de pois cassés, certains remontant péniblement les escaliers trop étroits, avaient à peine le temps d'ouvrir la porte, et rendaient sur le pont ce qu'ils venaient d'ingurgiter, tout heureux de manger autre chose que du « rancho ». Il y avait tous les cas de figure que l'on constate en pareil cas, du vomissement silencieux, au plus bruyant, mais étant donné le nombre d'embarqués, il fallait faire attention aux éclaboussantes trajectoires que le vent du large pouvait inopinément détourner.

Très au large des côtes nous voguons dans les eaux internationales, le pavillon français orné d'une croix de Lorraine flotte sur notre vieux rafiot, remplaçant le drapeau britannique, rien de très étonnant, bien que nous ne puissions saisir cet aspect diplomatique. Par contre, la présence du portrait de Pétain aperçu dans le carré des officiers nous parut tout à fait inexplicable. Nous restions muets et déçus. Nous aurions tant aimé apercevoir celui de de Gaulle, cela nous semblait tellement logique, pour nous jeunes Français, qui, par notre geste, répondions ainsi à son appel.

La sirène retentit. C'est une agitation fébrile sur tous les ponts. Chacun cherche son gilet de sauvetage et de son emplacement près des canots ou radeaux. C'est une grande bousculade pour atteindre les ponts supérieurs, et se frayer un chemin pour trouver une place près du bastingage : c'est le traditionnel exercice d'alerte, mais pour ceux qui en ignoraient l'existence, cela peut être traumatisant. À la fin de l'exercice, la majorité des réfugiés redescendent dans les cales, transformées en dortoirs géants, pour prendre un peu de repos, tout simplement allongés sur des nattes disposées à cet usage.

Pour nous deux, l'anisette continuait de faire son effet bénéfique. À l'avant du Sidi Brahim, Jacques et moi restâmes vigilants une bonne partie de la nuit, respirant pleinement l'air du large, savourant la liberté retrouvée, enfin goûtant l'extraordinaire spectacle nocturne qui s'offrait à nos yeux. Là, sur notre droite le célèbre Rocher de Gibraltar, comme un énorme bloc d'ombre, planté sur le rivage espagnol, tous feux éteints dans la nuit noire. Là-bas, très loin sur le bord du continent africain, une ville tout éclairée, Ceuta, que la guerre semble épargner. Plus loin encore, nous verrons Tanger, ville internationale illuminée des feux de la neutralité. Entre les deux continents, par une nuit sombre, angoissante, les eaux profondes du détroit de Gibraltar. Nous finissons la bouteille d'anisette à la lueur de notre bonne étoile !

Le convoi, tous feux éteints, fonce dans le détroit, de temps à autre les navires de guerre qui nous escortent, se transmettent des messages en Scott, ou Morse lumineux. Cela va trop vite pour que je puisse les déchiffrer, il y a un an - déjà - je suivais les cours d'instruction des différents modes de transmission optique, dans un chantier de jeunesse de la marine. Brusquement, à plusieurs reprises nous changeons de cap. Nous naviguons en zigzag. Que se passe-t-il ? Nous sommes attentifs, inquiets, même. Dans l'obscurité qui n'est jamais totale en mer, je distingue à quelques encablures, la masse imposante des navires de guerre, nos chiens de garde !

Et puis soudain le bruit lointain et sourd d'une série d'explosions espacées : des grenades sous-marines ! Impressionnant ! Devant nous, se détachant du ciel, les silhouettes sombres des navires de guerre de Sa Majesté britannique, exécutant dans un parfait ensemble une série de manœuvres, ressemblant fort à un grand ballet nautique. Nous sommes véritablement en guerre, et nous entendrons une nouvelle série d'explosions sans que nous puissions les localiser. Dégrisé par cette chaude alerte et par cette réelle bataille navale, je ressens encore plus notre vulnérabilité. Malgré les élémentaires moyens de sauvetage, notre fragilité est grande. Les Allemands savent pertinemment que nous avons quitté le port de Malaga pour Casablanca, et, torpillé, notre vieux cargo ne ferait pas long feu avant de sombrer corps et biens dans les eaux glacées de la haute mer, aux confins de la Méditerranée et de l'Atlantique.

Comment avons-nous été libérés ? De qui dépendait le sort des évadés de France ? Quel était le prix de notre libération ? C'est bien par la suite, bien après la fin de mon périple, que j'obtiendrai, un peu à la fois d'ailleurs, la réponse partielle à ces questions. Tout d'abord, un peu d'Histoire.

L'Espagne, saignée à blanc par des années de guerre civile, avait besoin d'aide extérieure, surtout dans le domaine alimentaire. Sa faiblesse est l'une des raisons qui justifia sa non-intervention aux côtés de l'Allemagne et de l'Italie. Pour survivre, donc par nécessité absolue, ce pays devait acheter du blé, du pétrole, du charbon, et pour cultiver ses terres, du phosphate. Les alliés avaient entrepris - intelligemment - un blocus de la péninsule ibérique. Le Comité Français de Libération Nationale constitué à Alger en 1943, suggéra de suspendre également la fourniture de phosphates marocains aux Espagnols.

Le phosphate devint alors une monnaie d'échange. Américains et Anglais obtinrent par la suite un accord avec les autorités espagnoles et une mission française représentante du CFLN put s'installer à Madrid. Des négociations franco-espagnoles eurent lieu, sans doute arbitrées par les alliés. Sur des plans différents, sans que l'on puisse faire un rapprochement officiel, les échanges vont en effet se dérouler, fin 1943. Des cargos chargés de phosphate marocain reprirent le chemin des ports espagnols, le 21 octobre 43, le premier convoi d'évadés prenait la mer en direction de Casablanca.

Certains « pèsent » plusieurs millions de dollars; à mon avis un évadé de France devait peser à cette époque vingt à vingt-cinq tonnes de phosphate ! Ce n'est qu'une image pour illustrer les conditions de notre libération des prisons espagnoles, tout heureux que nous étions d'avoir recouvré la liberté quelle que soit la base de la transaction.

Le Sidi Brahim et le Gouverneur Général Lépine pénètrent lentement dans le port de Casablanca, c'est très émouvant. Au loin au-dessus des bâtiments portuaires, la ville toute blanche, sous l'ardent soleil. Dans le port nous découvrons le cuirassé Jean Bart gravement endommagé, et de nombreux navires fraîchement arrivés d'Amérique, par convoi, et lourdement chargés de matériel. Il fait beau, il fait même chaud, ça sent bon l'Afrique. Tous les évadés de France sont là sur le pont, silencieux, émus : là devant nous une terre française nous accueille, une terre d'espérance. Notre évasion réussie se termine aujourd'hui, c'est un grand jour ! Dans quelques instants nous allons accoster et poser le pied sur le continent africain, pour beaucoup d'entre nous c'est aussi une « première ».

Comme une traînée de poudre, la nouvelle se propage parmi les réfugiés : le débarquement n'est prévu que demain matin, c'est une déception mais elle sera très vite acceptée. Une nuit de plus à bord du Sidi Brahim, bon, cela n'est pas méchant; alors je décide de la passer à la belle étoile, sur le pont supérieur. J'avise un coffre pour gilets de sauvetage, c'est l'idéal pour une nuit de repos au grand air, bien mieux que les cales du vieux rafiot, avec tous ces corps enchevêtrés et où régnait une atmosphère irrespirable. Allongé sur mes bouées, les yeux tournés vers le ciel, je voyais se déplacer constamment les étoiles, d'un bord à l'autre de mon coffre, le bateau se dandinant sous l'effet de la houle légère. Je connus un début de mal de mer, aussi je décidai de fermer le coffre en calant le couvercle avec une bouée, pour respirer à mon aise. Ce fut à l'origine d'un petit drame familial. Jacques, le lendemain matin, surpris de ne pas me trouver sur le pont supérieur, ratissa tous les ponts, les cales, demanda aux copains de mes nouvelles, mais personne ce matin-là ne m'avait vu. Tous avaient déjà pris leur petit déjeuner. Sur le quai, les préparatifs battaient leur plein : les détachements militaires de toutes les armes et en grande tenue se constituaient sous les ordres des sous-officiers. Jacques s'adressa alors aux officiers responsables de l'équipage et signala ma disparition.

Les parties peu accessibles du cargo, furent visitées par des marins, ainsi que la zone réservée à l'équipage et plusieurs soutes ou réserves. Jacques très inquiet - on le comprend - finit par penser que j'étais tombé à l'eau, du pont supérieur, en dormant ! Mon frère et plusieurs membres d'équipage, penchés sur le bastingage, regardaient les eaux huileuses du port clapoter contre le flanc du navire, lorsque j'ouvris le couvercle de ma couchette « deux étoiles » et me mis à bâiller fortement ! Jacques se retourna, m'aperçut, et se mit dans une colère « monstre », inimaginable... Sa colère monta comme une tornade et retomba comme un soufflé refroidi. Quand je fus sorti de mon coffre, il me tomba dans les bras en pleurant, de joie et de peur.

MAROC, TERRE D'ACCUEIL.

Le débarquement à Casablanca a été pour tout évadé de France, un moment inoubliable !

Au pied de la passerelle, une compagnie de Sénégalais, gants blancs, nous rendait les honneurs; un peu plus loin, des détachements de marins et d'aviateurs en tenue d'apparat. Une musique militaire « au grand complet » lançait de toute sa puissance des airs patriotiques.

Évadés, que sommes-nous aujourd'hui ? Des clochards en loques, tondus et mal rasés, à la triste mine. Il faudra, d'ailleurs me prêter un imperméable pour que je puisse descendre « décemment » la passerelle devant les autorités rassemblées, car, petit détail, le fond de mon pantalon étant très déchiré, on voyait mes fesses. Depuis le franchissement des Pyrénées, je portais toujours le même vêtement. Par contre sur le quai il y avait du beau monde, et aussi quelques jolies femmes, membres d'œuvres charitables ou autres.

Instant mémorable : je descends lentement la passerelle, je foule le sol français en terre d'Afrique. Répondant à un commandement énergique, les soldats présentent les armes, les officiers saluent, *la Marseillaise* retentit, émouvante et solennelle. C'est très impressionnant, alors si vos fibres ne vibrent pas, secoués par des frissons patriotiques, c'est que vous êtes de marbre !

Nous eûmes droit au discours d'un Général, il nous félicita et nous dit que nous avions bien mérité de la patrie; il nous parla ensuite avec enthousiasme des deux chefs actuels de l'Armée française : de Gaulle et Giraud, mais sur le moment, j'avoue ne pas avoir compris l'importance de cette division au sein de notre armée. Dans un hangar, sur le quai même, un buffet nous attendait ainsi qu'une équipe de charmantes infirmières. Des tables habillées de nappe blanche sont abondamment garnies de jus d'orange, de sandwiches, de friandises de toutes sortes.

Une infirmière s'approche de moi :

- Bonjour, je vous ai vu boiter, souffrez-vous, avez-vous besoin de quelque chose?

Nos regards se croisent. Elle est jeune et jolie. Je rougis.

- Si... si... en effet Mademoiselle... j'ai un abcès à la cuisse et mon pansement n'a pas été refait depuis plusieurs jours.

- Eh bien, vous voyez, j'en étais sûre...

Et puis, souriante et d'une gentillesse à vous couper tous vos moyens :

- Venez, on va regarder ça tout de suite.

Alors me prenant le bras, elle me dirigea avec grande précaution vers une petite pièce où une grosse croix rouge avait été peinte sur la porte.

- Entrez. Vous allez vous allonger sur le lit de repos. Mais d'abord déshabillez-vous! Je vais vous chercher un jus d'orange.

J'aurais voulu, à cet instant, être à cent pieds sous terre. J'étais mal vêtu et sale, depuis le Balnério je ne m'étais pas lavé. Impossible dans ce fameux train de marchandises, impossible dans les arènes de Malaga... encore moins sur le bateau, vous pensez avec plus de 700 réfugiés à bord! Mon pansement sentait vraiment mauvais. De plus j'étais très amaigri, presque squelettique. J'avais honte d'enlever mon pantalon devant cette jeune fille, toute fraîche et pure. Et mon slip ? Un seul slip pour faire toute la campagne d'Espagne, et sans savon ! Mon Dieu, il fallait y passer, quelle humiliation.

L'infirmière revint, tenant le verre à la main. J'étais allongé sur le lit « rouge comme une pivoine ». À la vue de mon pansement maculé de pus et de sang, dégageant une mauvaise odeur, elle s'exclama, tout en prenant un air attristé :

- Mais dites, c'est sérieux !

Elle s'empara d'une paire de ciseaux, et avec dextérité, coupa les bandes de protection, puis très délicatement enleva l'horrible pansement.

- Eh bien vous pouvez dire que vous avez de la chance, la cicatrisation est parfaite, malgré ce manque évident de soins. Je vais vous faire un pansement protecteur, mais il faudra vous faire examiner demain par le médecin de votre base.

Maintenant, j'étais aux anges, au fond, un moment de honte est vite passé, je dégustais mon jus d'orange par petites gorgées, et je souriais béatement à cette charmante infirmière, l'instant était doux, j'aurais aimé qu'il se prolongeât pendant des heures.

- D'où venez-vous ainsi ?

- Du nord de l'Espagne, près de Bilbao.

- Depuis quand êtes-vous parti de France ?

- Cela doit faire sept mois, je crois.

- Vous êtes… plutôt maigre.

- Je suis atteint de dysenterie depuis près de trois mois, sans soins et sans nourriture valable.

- Demain, il faudra vous présenter à notre service médical d'accueil, vous faire sérieusement examiner, et ensuite, vous faire soigner énergiquement.

Un instant, j'ai pensé à la rencontre de mes parents à Sézanne, et qui somme toute, fut déterminante pour leur union, pour leur vie.

Hélas, ces délicieux instants furent trop courts. À l'extérieur, sur le quai, on battait le rappel. Nous entendions maintenant les ordres résonner dans le vide du hangar. Avec d'émouvants regrets, je quitte ma jolie infirmière, je fais quelques pas et me retourne, elle est toujours là souriante, je lui fais un signe de la main, elle répond à mon geste.

Les évadés sont regroupés sur le quai. Ils sont heureux d'avoir été si chaleureusement accueillis à Casa, mais déplorent que cette première détente ne soit pas prolongée, en effet une dizaine de camions américains se présentent à l'extrémité de notre quai, et vite nous embarquons pour une destination inconnue. Mon véhicule démarre, je me relève, et du plus loin que je peux, je fais signe de la main à cette jeune fille, si délicate, je fixe cette image, car j'ai bien l'impression que je ne la verrai jamais plus.

Rapidement le convoi traverse une partie de la ville européenne de Casablanca. Ce n'est pas un voyage touristique, on sent la détermination des autorités de nous conduire à bon port le plus vite possible. Nous parcourons quelques kilomètres dans un paysage assez désertique et nous arrivons à Médiouna. C'est un camp militaire, c'est un nouveau camp de concentration. Nous y retrouvons les barbelés et des sentinelles en arme.

Ici ce sont des Sénégalais qui vont nous garder ! Derrière nous, on referme soigneusement les portes grillagées, nous sautons des camions et nous nous regardons : c'est une grande déception qui se lit sur les visages des Évadés de France, à qui on venait d'offrir officiellement un tout petit moment de liberté ! Après l'euphorie passagère du débarquement, et les honneurs de la réception, nous étions redevenus de simples prisonniers !

Mais je réalise très vite que cette nouvelle détention est obligatoire tant sur le plan administratif que militaire. Nous sommes en temps de guerre. Les espions pouvaient aisément s'introduire parmi les évadés par un simple franchissement des Pyrénées. Il y eut d'ailleurs plusieurs arrestations pendant les interrogatoires. Ensuite, il faut redonner à chaque Français, une nouvelle identité, nous recevrons à ce sujet une carte provisoire, qui ne correspond qu'à nos déclarations.

Enfin, tenant compte de l'âge, des études faites, des dispositions ou du désir des postulants, il fallait leur attribuer une arme, un régiment, un lieu d'affectation. Sans parler des examens médicaux indispensables après ces longs mois d'internement. Le Sidi Brahim et le Gouverneur Général Lépine avaient transporté dans leurs flancs près de 1 500 évadés, ce qui, sur le plan de l'organisation interne, devait poser de gros problèmes à l'ensemble des services concernés.

Le camp est acceptable. Les dortoirs sont propres, nous retrouvons un vrai lit avec des draps ! Un bon sanitaire, des douches et des lavabos. La nourriture est saine et abondante. Le camp comprend aussi de nombreuses baraques aménagées en bureaux, bien compartimentées pour les différents services. Il faut compter trois jours pour faire le premier tour du circuit, ensuite, vous pouvez être invité à refaire une partie du trajet.

Des officiers des services de Sécurité, nous interrogent à plusieurs reprises, sur notre identité, notre famille, les raisons de notre évasion.

Nous remplissons des questionnaires dans divers services, sous des formes différentes. On nous pose maintes questions sur ce que nous avions vu en France dans notre région, et ce que nous avions fait avant notre départ. Tout ceci se coupe et se recoupe, dans le but évident de cerner notre véritable identité. Un officier des services de renseignement m'accroche sérieusement :

- Puisque vous me dites que votre formation est celle d'un radiotélégraphiste de bord, accepteriez-vous d'être formé sur un nouveau matériel américain de transmission radio, et d'être ensuite parachuté en France, dans les Cévennes par exemple ?

Je suis stupéfait de cette proposition, je ne suis pas encore remis de mon évasion, et il faudrait que j'envisage d'y retourner dans des conditions aussi périlleuses ? Je ne peux répondre. L'officier me donne jusqu'au lendemain pour une réponse définitive.

La nuit est mauvaise. Je suis angoissé à l'idée de retourner en France pour accomplir une telle mission, au milieu du maquis ! Non, en toute franchise, dans mon état, je ne me sens pas assez courageux pour accomplir une telle prouesse, je l'avoue ! Ma réponse sera négative.

Un autre officier de l'armée de l'Air me fait une proposition alléchante : partir en Amérique suivre les cours de formation accélérée pour devenir pilote de chasse, et revenir combattre en Europe, auprès d'une escadrille française, à la condition toutefois de subir un premier examen médical favorable. J'accepte le principe de passer cet examen initial, tout en réservant ma réponse définitive.

Les résultats seront satisfaisants : la vue est excellente, par contre mon comportement « au siège tournant » est discutable. La ligne blanche qui doit être suivie en se redressant, après avoir longuement pivoté sur le siège, a été un exercice fort difficile à supporter, il est vrai que mon état physique était déplorable. Après deux jours de réflexion, ma réponse fut également négative.

En âge d'être mobilisé, j'ai opté pour une solution qui m'avait paru plus élégante : je m'engageai comme combattant volontaire pour la durée des hostilités en Europe, en choisissant mon arme, l'aviation, et en conservant ma spécialité la radio. Les services de l'Armée de l'Air proposent l'École Militaire de Fès, afin de parfaire ma formation de radionavigant.

Ma décision est enfin prise et acceptée, les feuilles d'engagement dûment signées, maintenant il faut que je m'occupe sérieusement de ma santé et je me confie, alors aux « toubibs » du Service Médical, pour y subir les premiers examens. Ces examens m'obligent à un déplacement à l'Hôpital Militaire de Casa. Il est constaté la présence de kystes dus aux amibes et lamblias. Pour m'en débarrasser, un traitement énergique par piqûres est envisagé, ce qui nécessite mon hospitalisation pendant un mois environ. Mais, tenant compte de la période des fêtes de fin d'année, celle-ci ne commencera que le 3 janvier.

Je suis seul pour passer mon premier Noël d'homme libre ! Des familles casablancaises font des propositions d'accueil pour les jeunes évadés en cours d'affectation. Ces invitations parviennent au camp de Médiouna. Ma première réaction est défavorable à ce genre de bonne intention charitable. Après réflexion, passer les fêtes de Noël et du 1er Janvier au camp n'a rien de folichon, aussi je finis par accepter de répondre favorablement à la demande d'une famille pour aller passer le réveillon de Noël avec eux à Casa.

Rendez-vous est pris, je dois être présent le 24 décembre à 20 heures au pied du vieux Minaret, sur l'esplanade près de la Médina.

Quel ne fut pas mon étonnement de voir arriver devant moi à l'heure prévue, une somptueuse voiture noire avec chauffeur. D'instinct je me suis retourné pour observer s'il n'y avait pas une autre personne susceptible d'être concernée par ce véhicule. Le chauffeur s'approcha, et lut mon nom sur un petit bristol.

- Oui, c'est bien moi !

- Eh bien, Monsieur, je vous en prie, montez.

Après ces jours de cauchemar, encore très éprouvé par la détention et la maladie, se trouver soudainement dans une automobile digne d'un conte de fées, cela vous rend tout d'abord muet. Ce sympathique chauffeur se retourna légèrement vers moi :

- Puis-je vous poser quelques questions ? Vous venez de France m'a-t-on dit.

- Oui, répondis-je évasivement.

- De quelle région, si cela n'est pas indiscret ?

- Du Sud-Ouest, d'Agen précisément.

- Votre évasion a-t-elle été difficile ?

- Ce n'est pas le franchissement des Pyrénées le plus dur, c'est ensuite l'internement qu'il faut supporter, dans de mauvaises conditions d'hygiène et de nourriture, sans jamais connaître notre véritable sort !

Dans la nuit, trouée des lumières de la cité, la luxueuse limousine traverse la ville européenne et s'arrête enfin devant un bel immeuble serti d'un petit jardin très soigné.

- Puis-je vous demander où je passerai ce réveillon ?

- Vous êtes chez le patron de la Grande Brasserie de Casablanca !

Ici tout est luxueux. Le hall est surprenant, marbre blanc, contrastant au bois d'Afrique, plantes exubérantes sous un éclairage raffiné. Un ascenseur silencieux nous conduit au dernier étage de l'immeuble, les portes inox s'ouvrent : c'est l'apothéose. D'un coup d'œil j'embrasse cet appartement soigneusement décoré, qui, par les grandes baies coulissantes s'ouvre sur des terrasses verdoyantes. Un joli monde occupe déjà le vaste séjour, les hommes en smoking, les femmes en robes longues !

Vais-je me remettre de cette arrivée soudaine au « Pays des Merveilles » ? Après le purgatoire espagnol, je découvre un monde nouveau, un coin de paradis. Un autre monde qui, à première vue n'est pas en guerre, où tout au moins, qui ne connaît pas les rigueurs et les restrictions de la France occupée.

Heureusement que de braves personnes de Casa m'avaient apporté, il y a quelques jours, de quoi me vêtir de façon à peu près correcte. Au camp, j'avais encore la semaine dernière mon vieux pantalon tout déchiré et une chemise qui rendait l'âme, pour l'avoir portée tous les jours durant six mois.

Je suis certainement resté cloué sur place un bon moment, sous l'effet de la surprise, et aussi d'un mélange d'émotion et de timidité.

- Entrez, je vous en prie. Alors vous vous êtes évadé de France pour nous rejoindre, c'est courageux ! Alors ce soir ce sera aussi votre fête, et à travers vous, la fête de tous ceux qui viennent nous rejoindre au Maroc. Venez, que je vous présente à nos invités.

La maîtresse de maison d'âge mûr, très élégante et volubile, me présenta à sa famille, à ses amis, passant d'un groupe à un autre mais ayant à chaque fois un petit mot différent pour préciser aux invités que j'arrivais de France, en empruntant les prisons espagnoles. Quelle idée !

La tête me tournait, incapable de retenir un seul nom, ni de photographier un seul visage, l'épreuve était trop forte pour l'homme affaibli que j'étais. Très vite, je me suis mis à regretter d'être venu.

Enfin, sur l'une des terrasses, je trouvai un siège dans un coin tranquille, entouré de plantes géantes, la vue sur le port était superbe, tout éclairé et en pleine activité. L'air était doux en cette étrange nuit de Noël, un Noël que je vivais pour la première fois loin de ma famille.

Le buffet était somptueux, Pour l'ex-prisonnier que j'étais, cet étalage de bonnes choses, présentées avec recherche, était presque offensant. J'étais trop perturbé pour avoir faim. D'ailleurs je n'ai guère de souvenirs précis de cette soirée, tellement la fatigue me dominait, la sono, même m'était vite devenue insupportable.

Cependant, je me souviens du beau cadeau qui me fut remis par la maîtresse de maison : une jolie paire de mocassins en cuir marocain de couleur feu. Je me souviens aussi de la terrible chute que je fis avec ma cavalière d'un moment, une belle et grande jeune femme d'origine polonaise. Cette élégante jeune femme - une comtesse paraît-il - possédant un joli accent étranger, m'avait repéré depuis un moment. Elle se leva, se dirigea vers moi, et engagea la conversation en me posant quelques questions sur ma récente évasion. Par contre, elle resta très mystérieuse quand je l'interrogeais pour connaître les raisons de sa présence au Maroc. Ce fut un moment fort intéressant et plein de charme, mais je ne pouvais comprendre ce qui la poussait à me consacrer tout ce temps en cette soirée de réveillon.

Elle m'invita à danser un slow fox américain, à cette époque je n'avais aucune expérience. Je refusai. Elle insista fortement, et devant le grand désappointement que je lisais dans ses yeux, brave, je finis par accepter. À cette danse relativement facile, succéda un paso doble endiablé, et ce fut la catastrophe. Elle m'emporta, je tourbillonnais dans ses bras comme un docile automate. Les convives s'arrêtèrent de danser et vinrent contempler le spectacle : nos deux corps enlacés décrivirent encore quelques audacieuses figures de compétition, et n'ayant plus de force, je perdis l'équilibre. Ce surprenant numéro de danse s'acheva brutalement dans le creux d'un grand fauteuil d'osier au beau milieu de la terrasse. Alors nos deux corps s'immobilisèrent un instant comme retenus par la magie, puis retombèrent lourdement sur le sol. Dans un suprême effort, je lui fis tout de suite mes excuses, mais la belle Polonaise se releva et sans un mot pour personne, disparut.

Après cet exploit, épuisé, je pris congé de mes hôtes, la boîte de mocassins sous le bras. Le chauffeur me reconduisit au camp de Médiouna. Au poste de garde, les sentinelles sénégalaises surprises de me voir descendre de cette luxueuse limousine noire, me laissèrent passer sans exiger ma permission, un instant j'ai cru, même, qu'ils allaient me présenter les armes.

Entre Noël et le 1er janvier, ce fut pour moi l'occasion d'écrire à mes parents, en utilisant les messages de la Croix-Rouge de la délégation du Maroc. La transmission de ces messages se faisait par l'intermédiaire du Comité Internationale de la Croix-Rouge de Genève. Ces messages, sous la forme de télégramme, allaient mettre plusieurs mois avant d'arriver à bon port, cependant j'éprouvais une certaine joie de communiquer ainsi avec eux, après ces longs mois de silence.

Ensuite je fis des recherches pour retrouver à Casablanca, un certain Monsieur D, architecte, ami de mon père, installé au Maroc juste avant la guerre. À la poste principale de Casa, dans le bottin de la ville, je trouvai rapidement son adresse. Sans perdre de temps, je me présentais le jour même à son bureau. Je fus magnifiquement accueilli, il s'offrit spontanément à m'assister, et si j'éprouvais la moindre difficulté, de m'aider financièrement. Il me proposa de servir de « boîte aux lettres » pour ma correspondance venant de France.

J'acceptai de suite cette intéressante proposition, et le soir même, j'envoyai un nouveau message à mes parents, en leur précisant ma nouvelle adresse.

L'architecte m'invita à plusieurs reprises à partager quelques repas en famille, dans le cadre ravissant d'une salle à manger d'hiver donnant sur un jardin suspendu niché dans les superstructures de l'immeuble.

L'appartement avait beaucoup d'allure, il s'étalait sur les terrasses de l'immeuble récemment construit par lui-même : style mauresque, sobre, dépouillé, meubles contemporains. C'était pour moi une véritable découverte, par rapport à la construction traditionnelle de nos régions françaises. Au Maroc, je n'étais plus seul. J'avais maintenant un ami sur lequel je pouvais compter. Comme j'étais appelé à me déplacer, sans connaître au préalable mon lieu d'affectation, j'étais très heureux d'avoir une adresse fixe, dans l'attente de recevoir des bonnes nouvelles de mes parents.

Depuis l'arrivée à Casa, mes amis - copains d'évasion et de rencontres fortuites - s'étaient dispersés comme des feuilles mortes au vent du Nord un soir d'automne. Nous étions éparpillés par le choix même de nos différentes orientations, malheureusement sans laisser d'adresse, nous n'en avions pas. Mon frère me quitta également le jour même où je commençai mon traitement à l'Hôpital Militaire de Casa. Il prit la direction de Fort-Lyautey, pour rejoindre le deuxième commando de France. Il fera ses classes comme parachutiste ! Nos routes se séparèrent ce jour-là.

*

Allongé dans l'une des grandes salles de l'Hôpital, je subissais une première série de piqûres, émétine et strychnine associées. Je devais boire beaucoup, eau de riz et thé. La nourriture était très justement adaptée à mon état. Le personnel était distant mais efficace, il ne fallait pas rire ou chahuter, encore moins tricher. Au début, boire trois litres par jour cela nous paraissait fort difficile. Alors, on allait discrètement aux toilettes avec notre pot, pour en verser l'excédent. Mais pris en flagrant délit, nous fûmes sévèrement réprimandés, et raccompagnés à notre lit par l'infirmière major, avec un torrent de compliments !

Les examens pratiqués après une dizaine de jours ne donnèrent pas les résultats escomptés. Les amibes avaient évolué trop longtemps et librement sans avoir été combattues pour me quitter à la première attaque. Il fallait en quelque sorte reprendre le terrain perdu. Le toubib décida une nouvelle série de piqûres. Hélas l'émétine brûle les tissus et l'endroit atteint devient très rapidement ultra sensible.

Je me souviens de la trouille que j'avais matin et soir quand je voyais arriver l'infirmière de service la seringue à la main, je ne me souciais plus de savoir si elle était jeune et jolie, mariée ou célibataire, comme au temps des premiers jours. Plus de baratin, mais une anxiété au fond bien légitime! J'avais la nette impression d'avoir reçu une volée de coups de bâton. Avec ma complicité, l'infirmière recherchait, en appuyant légèrement du doigt, l'endroit le moins sensible de mes cuisses ou de mes fesses, pour enfoncer l'aiguille meurtrière. En ce mois de janvier, j'ai dû recevoir près d'une centaine de piqûres. Il fallait guérir. Il n'était pas question de partir à l'École Militaire de Fès avec une dysenterie mal soignée. Je devais supporter ce traitement, retrouver mes forces, pour effectuer la suite du périple.

Certes, je n'étais pas malheureux ! Ces « dames de Casa » venaient m'apporter des oranges et du réconfort. Elles nous visitaient chaque semaine et nous faisaient la conversation. Un beau jour j'appris par l'une d'elles que les militaires hospitalisés pouvaient prétendre à une permission de convalescence, à la fin du traitement. Heureux concours de circonstance, j'eus l'agréable surprise d'être remarqué par la femme d'un médecin de Settat, qui m'offrit son hospitalité pour passer ce temps de repos en leur propriété, son mari étant généraliste dans cette ville, sur la route de Marrakech.

Je fis également la connaissance d'une Parisienne réfugiée à Casa - elle appartenait au monde du cinéma - et qui me proposa d'être « son filleul de guerre » m'offrant son assistance et un pied à terre à Casa si je le voulais. J'étais comblé, j'avais de la chance de me faire très vite de si bonnes relations. Le moral étant meilleur, ma santé devint meilleure aussi !

Et c'est d'un cœur léger, qu'un beau matin de février, je quittai l'Hôpital, et que je pris le car en direction de Settat, pour y passer quinze jours de repos bien mérité. Mon intuition me disait ce jour-là, que je passerais un moment fort agréable.

La route traverse les plaines de Chaouia, où l'on cultive principalement la vigne et l'oranger. Le car tout cabossé et poussiéreux, aux vitres manquantes, à la galerie surchargée d'objets hétéroclites, avait pris la direction du Sud. À l'intérieur, les voyageurs tous marocains, dans leurs costumes traditionnels s'interpellaient en arabe, ce qui donnait une note finale à mon dépaysement.

C'était la première fois que je me trouvais seul au milieu d'un groupe d'indigènes s'exprimant exclusivement dans leur langue, et j'éprouvais un sentiment partagé de curiosité et d'insécurité. Devant moi un vieil Arabe me regardait fixement depuis un bon moment, il se mit à me parler.

Il me sembla qu'il posait toujours la même question, très courte d'ailleurs et à laquelle je ne pouvais répondre, et pour cause ! Le ton montait. Il se fâcha et les autres Arabes se mirent à me regarder, j'étais très mal à l'aise et craignais l'incident. Alors pour sauver la situation qui me semblait compromise, je me suis penché vers lui, et lui dis, très gentiment :

- Monsieur, excusez-moi je ne vous comprends pas, j'arrive de France, et ne connais pas votre langue...

- De France ? s'exclama le vieil Arabe.

- Oui, répondis-je avec un grand sourire.

Il cessa de m'importuner. J'étais heureux d'arriver à Settat. La large rue principale était très animée, c'était le jour du marché. Partout des étals de légumes verts, et de fruits où dominait la couleur orange, des poteries de terre cuite, des peaux, il y avait dans l'air des odeurs nouvelles, indéfinissables pour mon nez d'Européen. M'adressant à un agent de la police marocaine, je lui demandai comment trouver la maison du docteur, je n'avais qu'une vague indication, celle de son quartier. Bien renseigné, je trouvais facilement la propriété.

Il y avait autour du domaine, un mur d'enceinte en maçonnerie de pierre, recouvert, plus ou moins bien, d'un crépi de couleur ocre. L'entrée principale, un peu en retrait, était fermée par un portail ajouré par lequel on devinait un petit jardin à la française. Dans le mur, un portillon ouvert, j'entrai, et j'aperçus une bâtisse de style colonial, un pavillon isolé, contre le mur d'enceinte un autre pavillon sur lequel j'observai une plaque de cuivre avec l'indication « consultations ». Je fis quelques pas faisant crisser le gravier de l'allée conduisant à la demeure, une silhouette se redressa émergeant d'un massif de bougainvillées. C'était bien la femme que j'avais eu le plaisir de rencontrer à l'hôpital. Elle vint vers moi, très souriante, retira son gant de jardinage et me tendit la main :

- Alors, jeune militaire, vous avez fait bonne route ?

J'étais fasciné par son aisance, et son premier regard me troubla.

- Vous avez trouvé facilement, poursuit-elle, mon mari est très connu ici...

Des banalités, bien sûr, mais qui me mettaient à l'aise. Je suis à peu près certain que lors de notre entretien à l'hôpital, elle avait évalué ma grande timidité. Elle me présenta « Rex », un magnifique berger allemand chargé de la garde de la propriété. Il me flaira, je le caressai, nous fûmes de suite des amis !

L'apéritif, que nous prîmes ensuite, dans un petit salon marocain nous permit de faire plus ample connaissance. Je la remerciai de son accueil, de bien vouloir me prendre chez elle, pour cette période de convalescence, et nous échangeâmes les formules de politesse qu'il est de bon ton d'émettre au début de toute nouvelle relation. Ce délicat moment passé, elle me conduisit au pavillon des amis. Le rez-de-chaussée était réservé pour le service, l'étage pour les invités.

Ce bel étage, se composait d'une grande chambre séjour, avec un coin bureau, un dressing, et une superbe salle de bains de style mauresque. Quel luxe pour un jeune homme comme moi qui n'avais pour tout bagage, qu'un mouchoir, un pyjama, un rasoir et une brosse à dents ! J'admirais les céramiques de la salle de bains, la découpe des châssis et leurs volets brise-soleil, le plafond à caisson de la chambre, la perspective vers le grand jardin planté d'orangers, que l'on devinait au travers des volets clos.

- Je pense que vous vous plairez bien ici. Vous serez au repos loin de toute agitation et vous aurez à votre service « Aïcha », une jeune Berbère. (Puis se faisant confidente, baissant la voix, et levant son index pour me montrer son éventuelle réprobation) N'y touchez pas... dans sa tribu toutes les femmes sont malades.

Elle se dirigea vers l'escalier, se retourna, et avec beaucoup de charme me dit :

- Dans un quart d'heure nous passerons à table, si vous voulez bien, vous ferez la connaissance du docteur.

Le temps de me remettre de mes premières émotions, et après un brin de toilette, je rejoignis l'habitation.

Que diable a-t-elle voulu me faire comprendre par « n'y touchez pas » ?

Je pensai après tout que ces jeunes Berbères devaient être faciles et que cette femme d'expérience, avait tenu à m'avertir du réel danger que je courais. En tout cas, je n'envisageais certainement pas de retourner à l'Hôpital subir une série de piqûres, rien que d'y penser, en me passant la main sur les cuisses, j'en ressentais encore les douloureux effets !

Le Docteur plus âgé que Madame, m'a paru un peu distant, plus réservé, un peu bougon même. Bien sûr, il me posa maintes questions concernant mon évasion, sur ce que devenait la France sous l'occupation, sur le sort de l'Allemagne face aux Alliés, sur un probable débarquement en Europe, mais il revenait sans cesse aux problèmes inhérents à sa profession, auxquels il devait faire face dans cette campagne marocaine, à ces distances parfois très importantes qu'il devait parcourir, et qui maintenant le fatiguaient beaucoup.

Je l'écoutais, sans être des plus attentifs. En toute honnêteté, j'étais accaparé par le jeu subtil que se livraient autour de moi Madame et la jeune Berbère : étant un nouveau personnage masculin dans la maison, je récoltais de ces deux femmes des égards et des sourires, à chaque changement de plat ou d'assiettes. J'en étais presque gêné, mais au fond heureux. De ce fait, je faisais des efforts pour écouter, par politesse, les doléances du médecin.

Madame et moi, nous nous retrouvâmes pour le café dans le petit salon. Dans le silence, nos regards se croisaient, elle me souriait, une certaine séduction émanait de sa personne, je sentais en moi, déjà s'effondrer mes premières lignes de défense, sans combat. Le charme de cette femme accomplie opérait en moi, un minutieux travail de sape. Progressivement, sans mot dire, tout en savourant un délicieux café, une grande complicité naissait entre nous.

Au dîner, nous étions de nouveau en tête à tête, le docteur n'étant pas rentré de ses lointaines visites. La jeune domestique accomplissait son service avec souplesse et rapidité, me lançant quand elle le pouvait, un bref regard noir, elle était bien moins souriante qu'au repas du midi. Il est vrai, que sa maîtresse était de plus en plus aimable avec moi, et très affable, elle entretenait la conversation :

- Alors, vous êtes originaire du Nord, me disiez-vous ?
- Oui, je suis de Lille, mais ma mère est champenoise.
- Comment se sont connus vos parents ?

- Mon père fut gravement blessé au début de la guerre, et ma mère étant infirmière de la Croix-Rouge l'a soigné. Ils se sont mariés avant la fin de la guerre à Sézanne.

- La guerre est à l'origine de beaucoup de rencontres, il y a un tel brassage de population, et des circonstances exceptionnelles…

Puis après une courte pause - comme elle ne voulait pas interrompre notre conversation - elle lança :

- Au fait, votre nom n'est pas vraiment typique du Nord ?

- C'est vrai, encore une fois à cause de la guerre, cette fois celle de 1792, qui mobilisa de jeunes Français « recrutés » dans les provinces pour combattre les ennemis de la France. Mon arrière arrière grand-père vigneron dans les environs de Bordeaux fut envoyé à la frontière belge pour défendre la patrie en danger juste après notre Révolution ; il fit la connaissance d'une jeune fille de Valenciennes et en tomba éperdument amoureux. Ils s'aimèrent et eurent un enfant. Ils se marièrent et vinrent par la suite habiter Lille.

- Vous voyez, vous pouvez, vous aussi, rencontrer l'âme sœur au cours de vos pérégrinations, et pourquoi pas, plus tard vous fixer au Maroc par exemple, qui sait !

Elle me sourit longuement, les yeux mi-clos, très séduisante. Nous étions bien ensemble, et le soir, nous fîmes vraiment connaissance. Après le dîner, nous allâmes faire un petit bout de promenade dans l'immense jardin planté d'orangers. Qu'il faisait bon, l'air était parfumé, le premier quartier de la lune brillait dans un ciel limpide : tout était douceur de vivre, Rex nous suivait haletant et paisible, nous nous installâmes sur un banc entouré de bougainvillées. J'avais envie de lui prendre la main, la sentant toute proche de moi. J'ai eu instinctivement peur de tout casser, de briser le fil ténu du rêve que j'étais en train de vivre. A-t-elle eu conscience de mon trouble ? Nous échangeâmes quelques longs sourires, et reprîmes silencieusement le chemin vers l'habitation. La

Mercédès du médecin était de retour. Au pied du pavillon, avec regrets je pris congé de ma charmante hôtesse, dans la pénombre du petit hall qui conduisait à l'escalier, il me semble bien que j'aperçus derrière le rideau de gros tissage, le regard sombre de la jeune Berbère.

Ma nuit fut bonne, bien que marquée par un étrange rêve amoureux. L'histoire merveilleuse de ce beau songe s'évanouissait dès le réveil, cependant cette nuit me laissa un goût de bonheur et de joie de vivre. J'étais encore bien entortillé dans mon drap, tout songeur, lorsque j'ouvris un œil : un coulis d'air frais venait de passer sur mon visage. La « jeune Berbère aux pieds nus » venait de déposer le plateau du petit déjeuner sur une table basse, elle était entrée silencieusement dans la chambre. Elle s'approcha du lit, se pencha vers moi, et très souriante me montrant sa belle denture, me dit après un long silence d'extase :

- Mossieu, il est dix heures... je vais aller vous chercher votre café... vous savez... j'attendais votre réveil... à l'entrée de la chambre !

Un peu penchée vers l'avant, souple comme un félin, dans un bruit de tissu froissé, elle disparut comme elle était venue. Je me suis toujours demandé : si je l'avais attirée sur mon lit et embrassée, aurait-elle crié ou consenti ?

Cependant, cette tentation vite écartée, je pensais à ma charmante hôtesse qu'il me fallait rejoindre au plus vite. Je ne devais surtout pas lui donner une occasion d'assombrir sa bienveillante hospitalité. Je vivais des jours heureux. Après le purgatoire espagnol, je connaissais maintenant le paradis marocain. Bien qu'il faille faire très attention, dans mes rapports avec le Docteur, sa femme et Aïcha. Sans aucune provocation de ma part, je vis, au fil des jours, naître entre eux une sorte de jalousie, une certaine rivalité. Étais-je le catalyseur d'une ancienne animosité ? Ou tout simplement ma présence de jeune homme perturbait l'équilibre familial? Certes, j'apportais du piment dans la vie monotone de cette femme de quarante ans, ma jeunesse, ma naïveté, ma timidité devaient lui être agréables, surtout, et ceci n'est pas toujours explicable, nous nous entendions bien, un seul sourire partagé, et nous étions complices des petits événements anodins rencontrés dans la vie quotidienne. Allez savoir pourquoi ! Toujours est-il que le Docteur se montrait au cours des repas de plus en plus agacé, il faisait, alors, éclater sa mauvaise humeur, qu'il lui plaisait parfois de cultiver. Parti, je me retrouvais seul avec sa femme dans le petit salon marocain pour le café, ensuite, dans le salon de musique, où j'avais découvert la présence d'un piano quart de queue. Audacieux, je lui dis :

- Permettez-vous que je joue?

Elle me fit signe que oui. J'interprétai, avec émotion et gravité *l'étude opus 10 en Mi Majeur* de Chopin, dite « Tristesse ». Elle posa sa main sur la mienne et me dit avec beaucoup d'admiration :

- Mais vous êtes un artiste ! Quelle sensibilité ! Vous avez fait bien sûr quelques fautes, mais cela n'est rien, car vous avez joué de toute votre âme.

- À votre tour, jouez-moi quelque chose;

Elle prit ma place, et feuilletant une partition, me dit :

- Je travaille actuellement « Rêve d'Amour de Listz » alors, écoutez-moi avec beaucoup d'indulgence, Louis.

Dans la vie, on rencontre des moments privilégiés, délicieux, qu'il ne faut surtout pas briser, tout au contraire il faut essayer de les vivre intensément, ils ne reviendront pas, on peut essayer par la suite de les reconstituer artificiellement, comme j'essaye encore aujourd'hui de le faire, en écoutant dans le silence ce morceau de Listz exécuté par un des plus grands maîtres du clavier, mais il me manque les vibrations de l'âme, dues sans doute, à cette ambiance si particulière connue ce jour-là. Il est vrai, j'étais sous le charme de son jeu.

J'applaudis avec discrétion en me mettant debout :

- Bravo Madame !

Dans le salon de musique, nous étions maintenant face à face, les yeux dans les yeux, jamais je n'avais été si près d'elle. Mon cœur battait fort, je sentais son parfum de femme. Je tressaillis. Voyant ma grande émotion, elle me prit par la main avec une grande douceur.

- Remettez-vous, dit-elle...

Un bruit de vaisselle cassée nous tira de notre contemplation. Dans le petit salon marocain, Aïcha, en desservant venait de briser une tasse de porcelaine. Il faisait délicieux après le dîner, nous fîmes un tour dans le verger, après avoir demandé au Docteur de nous accompagner. Il refusa :

- Si cela vous fait plaisir, allez-y ! Moi je reste avec mon cigare et mon journal, je suis bien ainsi.

Nous marchions côte à côte depuis un bon moment quand elle s'arrêta un instant, et me prenant le bras :

- Vous êtes bien silencieux, ce soir, qu'y a-t-il ?

- Rien, croyez-le, je suis bien, très bien même, mais je n'arrive pas, Madame, à vous dire... ce que je voudrais vous dire...

-D'abord appelez-moi Gisèle, et je vous appellerai Louis ! Ensuite ne vous frappez pas, vous me direz plus tard ce que vous avez envie de me dire ce soir. Vous verrez avec le temps tout devient plus facile... mais il est vrai que la durée de votre séjour est déjà bien entamée... vous reviendrez, n'est-ce pas Louis... vous reviendrez me voir ? C'est promis ?

La promenade fut silencieuse. Mes sentiments évoluaient au fur et à mesure de nos rencontres. Je n'arrivais plus à lui dire des banalités. Quand j'avais envie de lui dire ce que je pensais, à cet instant, ma gorge se serrait. Il me semblait bien, au fil des heures, que je devenais amoureux de la maîtresse de maison.

Le lendemain vers midi, en jouant avec Rex, au travers des massifs de genévriers pourpres, je me suis trouvé brusquement en sa présence… en maillot de bain, allongée sur une chaise longue, elle lisait.

- Bonjour Louis, vous avez bien dormi ?

Elle était superbe, son corps bien fait et bronzé s'offrait dans sa presque nudité à mon regard innocent.

- Eh bien quoi, vous n'avez jamais vu une femme, pour me regarder ainsi ? Vite j'enfile mon peignoir, vous serez plus à l'aise. Bonjour Louis !

- Bonjour Gisèle… je vous dérange ?

- Mais non, j'allais rentrer d'une minute à l'autre… Dites, Louis, on dirait bien que je vous ai fait peur ?

Après un long silence alors que nous marchions côte à côte dans l'allée principale en direction de l'habitation, soudain j'ai eu le courage de lui confier, sous la forme d'une confidence, les raisons de mon émoi :

- Cela est difficile à expliquer, Gisèle, mais au fond les choses se présentent assez simplement. Je n'ai pas eu de sœur, mon éducation d'une part, ma scolarité chez les Frères des écoles chrétiennes d'autre part, m'ont éloigné très longtemps des filles. Aujourd'hui, la femme reste pour moi mystérieuse, tout à la fois attirante et dangereuse.

- Le péché ! dit-elle en riant.

N'osant pas la regarder, je complétais son argument :

- Adam et Ève croquèrent le fruit défendu, se virent nus, et commirent le « péché » !

Et là, nous observions une minute de silence !

- Heureusement, renchérit Gisèle, tout en riant de nouveau, car nous ne serions pas là aujourd'hui.

- C'est une boutade, mais je reconnais que tout à l'heure en vous voyant ainsi, j'ai été réellement troublé, vous êtes tellement jolie !

- Merci Louis, mais je vous en prie essayez d'être moins émotif devant une femme en maillot de bain. Voyons, quel âge avez-vous ?

- Vingt et un ans… passés.

- Ah oui, c'est vrai, maintenant on peut dire que vous êtes plutôt un vieux… jeune homme !

Elle se mit à rire joyeusement secouant sa belle chevelure blonde, elle était séduisante au possible, et me porta un regard en coulisse qui me fascina. Cette femme était en train de prendre possession de mon âme, je venais de franchir à mon insu, une nouvelle étape dans l'escalade amoureuse vers une situation difficilement contrôlable pour un jeune homme aussi peu expérimenté.

Tous les deux, heureux et légers, nous montions les marches d'accès à la terrasse, lorsque j'aperçus derrière les rideaux de la salle à manger la présence de la jeune Berbère qui me lança un de ces regards noirs tout pleins de reproches, je lui souris gentiment, elle tira brusquement le rideau devant elle.

L'après-midi, je l'espérais calme et reposant, j'avais appris, depuis quelques jours, que le médecin et sa femme étaient invités ce soir au mariage d'un Cadi. Au repas du midi Gisèle me fit savoir que j'étais autorisé à les accompagner. Cela me plut : être invité à une telle cérémonie chez une authentique personnalité marocaine était pour moi une expérience intéressante. Mais, je me suis mis à penser que Gisèle ne voulait sans doute pas me laisser seul avec Aïcha, et qu'elle avait dû conseiller à son mari de m'inviter. Ce Cadi, d'un bourg de la région, avait déjà une douzaine d'épouses, le mariage de ce jour était célébré avec une jeune fille de vingt ans. Ce notable d'un âge respectable - plus de soixante-douze ans, cardiaque je crois - devait pour surmonter sa nuit de noces, avoir recours au soutien de la médecine.

*

- Louis, je peux entrer, je ne vous dérange pas ?

Gisèle venait d'écarter d'un revers de la main la portière de tissu berbère, qui fermait le haut de l'escalier.

- Vous ne me dérangez jamais, Gisèle…

- Que faites-vous de beau ?

- Actuellement je dresse une carte des Pyrénées centrales, pour tracer le parcours pédestre de mon évasion de France… je me suis servi d'un Atlas que j'ai trouvé ici, dans votre bibliothèque.

- Et ceci ? enchaîna Gisèle, laissez-moi chercher… c'est le dessin du pavillon, avec la perspective de l'orangerie… mais dites… vous avez un joli coup de crayon… vous me le donnerez en souvenir de vous ?

Gisèle était passée insensiblement derrière moi, et par-dessus mon épaule, elle repéra une feuille de papier qui traînait sur le bureau.

- Des vers… mais oui ce sont des vers que vous écrivez ?

- Non, je vous en prie… pas ça ! rétorquai-je avec vivacité, tout en mettant la main largement ouverte dessus comme pour lui masquer ma pensée.

- Vous ne devez pas avoir de secret pour moi… Voyons ! montrez !

« Les yeux gris bleu me grisent
Quand ton regard se pose
Ta bouche gourmande me demande
Si mes lèvres se reposent… »

- C'est de vous… C'est vous qui écrivez cela ? Pour qui ? Pas pour moi ? Si ? Dites Louis, regardez-moi dans les yeux, c'est vrai ?

J'étais rouge jusqu'aux oreilles, incapable de dire un seul mot. Je me suis mis debout, elle était là tout près de moi, je fus pris de vertige; alors je la regardai au fond des yeux avec une demande d'indulgence plénière.

Elle s'approcha de moi, et d'une voix habitée par l'émotion :

- Voyons Louis, je pourrais être votre mère!

- Gisèle, je crois bien que je...

Je lui pris la taille. Ses yeux se fixent sur mes lèvres. Ses lèvres humides s'entrouvrent, je la serre tout contre moi, je l'embrasse passionnément... Je sens ses seins s'arrondir sur ma poitrine, je respire son parfum, sa bouche est délicieuse, je perds la tête, le désir s'empare de mon être, alors avec frénésie, et voluptueusement, je l'embrasse dans le cou...

- Louis, que faites-vous? Vous devenez fou !

Un bruit de portière claquée avec force, nous dégrise d'un seul coup...

- Gisèle ! Gisèle ! - C'est la voix du docteur - Gisèle où es-tu? - Laissez-moi Louis, on m'appelle... il faut que je vous quitte... On reparlera de tout ça tout à l'heure, je vous en prie, remettez-vous !

Je suis comme un boxeur, à la fin du dernier round, sauvé par le gong. Qu'aurai-je fait ensuite ? Soudain, je suis malheureux, j'ai un coup de fatigue. Je m'allonge sur le lit. Mais c'est vrai, je deviens fou, fou d'elle assurément!

Le soleil a disparu au-delà des brumes empourprées de l'horizon. Le jour se meurt. La Mercédès, toutes veilleuses allumées, fonce sur une petite route caillouteuse, soulevant derrière elle un nuage de poussière grise. Je suis assis à l'avant près du médecin. Gisèle est à l'arrière du véhicule, belle et silencieuse.

- Si la guerre n'avait pas perturbé vos études, à quelle activité professionnelle pensiez-vous vous consacrer? me demande le médecin pour rompre le silence qui commence à peser lourdement.

- À quinze ans je voulais être architecte. Mon père qui avait la fonction d'ingénieur dans un bureau d'études, me le déconseilla. Dans le secteur du bâtiment de 1936 jusqu'au début de la guerre, il y eut une grave crise. Mon père connaissait un bon nombre d'architectes qui faisaient partie de ses relations, sans aucun travail.

- Oui, mais après la guerre tout peut être remis en question. Il y aura tellement de dégâts dus principalement aux bombardements. Il faudra reconstruire une bonne partie de la France ! Il faudra beaucoup d'architectes.

- Bien sûr, si je suis toujours vivant. Quel âge aurai-je lorsque je serai libéré ? Lorsque l'on a plus de vingt-cinq ans, croyez-vous que l'on puisse reprendre de longues études ? Il faut sept ans pour être architecte ! Il y a quelque temps, j'ai suivi les cours d'officier radio de la Marine Marchande. Afin de parfaire ma formation de radio, dans quelques jours je partirai pour la Base aérienne de Fès. Après… on verra !

Après avoir emprunté une piste qu'il faut bien connaître pour la suivre la nuit venue, la voiture s'immobilise devant un Ksour : genre de bâtiment fortifié, isolé dans la plaine. Je descends rapidement de la voiture et, dans un élan de galanterie spontanée j'ouvre la portière arrière. Gisèle descend et me remercie d'un joli sourire triste. Je suis infiniment heureux : elle ne m'en veut pas. Si j'étais un athlète je battrais sur-le-champ le record du monde du saut en hauteur ! Je me sens tellement léger et heureux que je sauterais bien par-dessus le mur de la clôture de la propriété qui fait au moins trois mètres de haut !

Un jeune serviteur marocain, tout de blanc vêtu, nous attend sous le porche éclairé par une torche dont la flamme vacille sous le vent du soir. Du coin de l'œil, je regarde Gisèle. Elle est fascinante, très élégante dans une djellaba de couleur beige clair. En la suivant de près je fleure un parfum épicé et délicat. Il faut que je me reprenne. Je n'ai d'yeux que pour elle. Ensemble nous pénétrons dans un hall de forme carrée, coiffé par un dôme à côtes de melon. L'éclairage est assuré par des torchères. La décoration sobre est de style mauresque. Comme fond musical, quelques notes de musique berbère. Dépaysement total assuré.

Nous suivons notre jeune guide et, tous les trois, nous descendons quelques marches. Nous voici dans un patio décoré de plantes vertes. Au centre un bassin et son jet d'eau presque silencieux. Sur les murs de superbes céramiques bleues. Le serviteur nous fait monter un court escalier. Nous arrivons dans une belle pièce plus éclairée, plus lumineuse, où nous attend le maître de maison entouré de ses invités.

- Pas de femmes, pas de jeune mariée ! dis-je à voix basse à Gisèle.

- Ici, c'est la tradition qui se perpétue à travers les siècles. Vous ne verrez ni la jeune mariée, ni les autres épouses du Cadi. Elles resteront dans leur appartement privé pendant toute la soirée.

Le Cadi nous invite à nous asseoir sur un coussin de cuir posé à même le sol. Je suis près de Gisèle, quelle chance ! On ne peut oublier une telle soirée. Je vais de surprise en surprise. Apporté par deux serviteurs en costume régional, voici dans un vaste plat d'argent ciselé le traditionnel couscous. Ici, pas d'assiette, ni de couvert. Il faut manger avec les doigts ! Pas de serviette non plus, mais des rince-doigts. Déchirer le poulet ou le mouton d'une main et confectionner des boulettes de semoule ou de légumes, puis absorber la nourriture avec aisance. Gisèle se montre experte, je la regarde faire, elle me sourit. Alors, à voix basse je lui dis :

- Aidez-moi ! je suis novice en la matière…

Alors, à l'aide de ses trois doigts, avec une remarquable dextérité elle se met à me préparer des petits éléments de nourriture sous forme de boulettes qu'elle dépose sur le rebord du plateau. Avec discrétion je n'ai plus qu'à les saisir. Personne ne verra notre petit manège. Ou tout au moins, chacun fera semblant de ne pas le voir. Avec Gisèle, c'est la dînette. Je suis aux anges. J'aimerais que ce repas s'éternise, nous sommes si bien ensemble !

Nous échangeons discrètement des sourires complices, teintés d'une touchante tendresse.

Au Maroc, le moment du thé est très important. Au cours d'une soirée de mariage, cela devient solennel. Cela commence par une lente préparation du breuvage. Dans un recueillement général, chaque geste s'accomplit avec une lenteur quasi religieuse.

Le Docteur en profite alors pour s'absenter discrètement avec le Cadi. À l'approche de la nuit de noces, c'est le moment de la piqûre, destinée à soutenir le cœur du marié ! J'avais bien du mal à accepter cette union entre cet homme âgé et cette jeune fille « toute fraîche ». D'autant plus qu'au cours du repas de midi, Gisèle m'avait fait savoir que dans le contrat de mariage, il avait été question en plus du don de cette jeune personne d'un apport en terrain de bonnes terres végétales.

Les autres invités, de vieux Marocains qui s'expriment d'ailleurs dans un français excellent, m'interrogent sur les raisons qui m'obligèrent à quitter le territoire français et quelles étaient mes intentions en pays marocain.

Après le retour du Cadi et du Docteur, le thé est servi avec une adresse remarquable par un jeune serviteur. La théière d'argent au fin goulot et finement ciselée se redresse à la verticale de chaque tasse laissant échapper le précieux breuvage. Un divin parfum de menthe s'exhale dans le salon. Dans une pièce voisine, des musiciens en costumes d'apparat jouent d'instruments aux sonorités typiquement marocaines, augmentant encore le charme sous lequel nous sommes depuis notre arrivée chez le Cadi.

*

Lorsque j'ouvris les yeux encore tout chargés de rêves et de sommeil, le soleil était déjà bien haut sur la petite ville de Settat. Silencieuse, Aïcha attendait mon réveil. Elle allait et venait de la salle de bains à la fenêtre de la chambre. Au pied du lit, sur une petite table basse, le petit déjeuner était prêt.

Tout imprégné des images de cette belle soirée passée en compagnie de ma charmante hôtesse, je ne tenais pas dès mon réveil à engager la moindre conversation avec la jeune Berbère. Après un bonjour de politesse, je lui demandai d'aller me chercher du café bien chaud. Elle quitta la chambre lentement, comme à regret.

La dernière journée de mon séjour à Settat devait normalement se dérouler dans le plus grand calme. Aucune sortie n'était prévue au programme. Je fis même une sieste, allongé sur le lit, écoutant un disque de Franz Liszt sur le petit tourne-disque que j'avais découvert dans le studio, lorsque je reçus la visite inattendue de Gisèle.

- Pardonnez-moi, Louis, je vous dérange encore.

- Voyons Gisèle, vous devez savoir combien je suis heureux de vous voir… d'être près de vous quelques instants encore. Car, je compte les heures… bientôt, il faudra se dire adieu !

- C'est justement pour cela que je suis venue. Quand comptez-vous nous quitter, Louis ?

- L'autocar qui doit me conduire à Casablanca passera sur la place de Settat demain matin vers neuf heures trente. Donc, je pense prendre congé de vous juste après le déjeuner. Je dois être à Fès lundi matin à la première heure. Quand j'y pense je deviens de plomb, je n'ai plus le moral. Dire qu'il faudra que je quitte ce paradis. Savez-vous Gisèle que, depuis que je suis arrivé chez vous, j'ai presque tout oublié… de la mésaventure espagnole et de mes souffrances… la France occupée, ma famille. Au cachot, dans le malheur, je pensais beaucoup à mes parents. Depuis quelques jours, ici, je ne pense plus qu'à vous !

- Vous ne devez pas penser autant à moi, cela n'est pas sain. Je suis une femme mariée. Vous, vous êtes un très jeune homme… la différence d'âge à elle seule devrait…

- Je vous coupe Gisèle, pardonnez-moi, mais tout ce que vous dites je le sais déjà, je le ressens. Mais, dès que je vous aperçois, tous ces arguments raisonnables s'évaporent comme des gouttes de rosée sous le soleil du désert. Tout en vous m'impressionne et me séduit à la fois… votre visage, votre corps, votre allure… quand vous me regardez, j'ai le cœur qui bat… Quand vous me souriez et que nous nous regardons les yeux dans les yeux, j'ai l'impression que je vais défaillir. Quand vous êtes près de moi, comme maintenant, et que je sens votre parfum, j'ai envie de vous prendre dans mes bras… de vous… embrasser, de vous aimer. Je n'ai jamais connu une telle fièvre… Gisèle… Gisèle… je crois bien que je vous aime !

Alors, la prenant par la taille, je la serrai contre moi. Nos lèvres se joignirent. Nous nous embrassâmes longtemps et passionnément. À cet instant, le vieux phono crachotait l'étude de Franz Liszt : « Rêve d'Amour ». Je pleurai, une larme glissa sur la joue de Gisèle…

- Pourquoi pleurez-vous Louis ?

- Parce que je vous aime de toute mon âme, et que demain je dois vous quitter sans espoir !

Je la sentais tout contre moi, complaisante, elle se donnait déjà. Alors, très amoureusement je me mis à embrasser son cou parfumé. Je la sentis tressaillir. Le désir m'enivrant, j'entrepris d'ouvrir son chemisier, le déboutonnant avec fièvre, je me mis à caresser ses seins avec volupté…

- Non… Louis… je vous en prie… je ne veux pas…

Ne sachant pas comment dégrafer son soutien-gorge, je passai la main dessous pour libérer ses seins. Maintenant, ils étaient à moi ! Je pouvais poser sur eux ma bouche brûlante. Je me mis à les embrasser avec une telle fièvre que Gisèle essaya alors de se dégager avec force. Son collier de perles blanches se rompit, et les perles se répandirent sur le sol comme une pluie de grêles.

- Gisèle, je veux vous aimer ! Apprenez-moi l'Amour ! m'écriai-je alors.

- Vous êtes un jeune fou. Non ! Maintenant, laissez-moi, je ne veux pas aller plus loin…

Comme je la reprenais dans mes bras désespérément, sentant qu'elle m'échappait :

- Louis, je t'en prie, si tu m'aimes vraiment, ainsi que tu le dis, laisse-moi partir.

Je lui obéis. Se reprenant très vite, elle ajusta son chemisier, remit un peu d'ordre dans sa chevelure, courut vers l'escalier et disparut. Déstabilisé, je courus moi aussi et du haut de l'escalier je lui criai :

- Gisèle… Gisèle, je t'en prie, ne pars pas ! Reste !

Et, tombant à genoux :

- Je te demande pardon… reste !

Au pied de l'escalier, Gisèle se retourna. Je crois bien qu'elle pleurait.

- Louis, je ne t'en veux pas. C'est ma faute…

Puis, juste avant de se retourner pour ensuite disparaître, elle ajouta : « Tu sais… Louis, je crois bien… » je ne compris pas les derniers mots. Ils étaient sans doute graves. Elle n'osa pas les dire à haute voix. Brisé par l'émotion et le chagrin, je me traînai jusqu'à mon lit. J'avais le sentiment d'avoir tout gâché, tout perdu. Que ces heures de bonheur je ne les vivrais plus en compagnie de Gisèle. Désormais, elle sera fâchée, lointaine, distante.

Soudain, Aïcha écarta la portière :

- Tu as besoin de quelque chose ? Tu veux que je te fasse quelque chose ?

Je ne répondis pas. Immédiatement elle aperçut les perles qui jonchaient le sol.

- Oh ! Tu as cassé le beau collier de Madame ?

- Laisse, je t'en prie. Laisse-moi… Va-t'en ! dis-je sèchement. Je veux être seul !

Mais, elle était déjà à genoux, ramassant une à une les perles égarées. Je la rejoignis. Nous étions tous les deux à quatre pattes à la recherche de ces petites boules.

- Tu sais c'est de la pacotille, dit-elle. Ce n'est pas le beau collier de Madame. Il ne faut pas pleurer pour ça… cela n'en vaut pas la peine, c'est moi qui te le dis. D'ailleurs, Madame te pardonnera…

Son visage était près du mien. De grands yeux noirs qui exprimaient pleinement la compréhension, la gentillesse et la naïveté me dévisageaient…

Pour me tenter, ses lèvres fortes s'entrouvrirent. J'avais la nette impression qu'elle savait beaucoup de choses au sujet de Gisèle et de moi-même. À maintes reprises, je l'avais entr'aperçue nous épiant, nous suivant sans cesse des yeux de la table de la salle à manger au petit salon, jusque dans nos promenades dans le jardin. Je pris une enveloppe et nous y déposâmes les perles retrouvées. Je la cachetai soigneusement, et je lui dis :

- Aïcha, peux-tu remettre discrètement à Madame cette enveloppe ? Tu sais ce que cela veut dire : « discrètement » ? Oui, alors je compte sur toi et je t'en remercie.

- Toi, tu me donneras une récompense, c'est promis ? Tu feras l'amour avec moi ?

- Va, Aïcha, laisse-moi. Maintenant, vois-tu, je suis très fatigué.

- Me retrouvant seul, je me mis à pleurer me rendant compte que j'avais été à la veille de mon départ, maladroit, et qu'ainsi j'avais brisé une excellente relation. À travers mes larmes je vis une perle briller dans le bleu profond du tapis berbère, juste au pied du lit. Je la ramassai avec précaution, et, tout en la contemplant avec amertume, je décidai de la conserver comme le plus précieux souvenir d'un impossible amour !

J'appréhendais le dîner. À mon grand étonnement, je me retrouvai en tête à tête avec le Docteur :

- Ma femme vous prie de bien vouloir l'excuser, une affreuse migraine la fait souffrir. Ah ! les femmes ! On croit les connaître, et pourtant elles vous échappent toujours un peu.

Je ne répondis pas. Le Docteur enchaîna :

- Est-ce que votre séjour se déroule comme vous l'espériez ?

- Tout à fait Docteur. J'ai passé un excellent séjour de convalescence. Je vais beaucoup mieux. Je vous remercie de tout ce que vous avez fait pour me rendre cette période aussi agréable. Savez-vous que je prendrai congé de vous dès demain matin ? Avant de prendre le train pour Fès où je suis attendu lundi matin, j'ai plusieurs personnes à voir à Casa.

- Vous êtes libre, vous pouvez faire ce que vous voulez. Je pourrai vous déposer au car demain matin vers neuf heures, me semble-t-il ?

- Que savait-il le vieux Docteur ? En tout cas, il me semblait plus aimable que d'habitude. L'absence de Gisèle à ce repas me donnait plus d'aisance. Mais, sur le plan sentimental c'était pour moi une cruelle déception. Au fur et à mesure que le temps passait, j'éprouvais un sentiment de tristesse qui allait grandissant, à tel point que je n'attendis pas le dessert pour demander la permission de me retirer. Je n'avais pas faim du tout. Aïcha était désolée, ses grands yeux étaient tristes quand je pris congé du Docteur, prétextant mes préparatifs de départ. Quel odieux mensonge ! Je n'avais que trois bricoles !

À peine réveillé, je vis Aïcha dans la chambre avec un grand verre de jus d'orange. Elle ouvrit les volets pour laisser entrer les premiers rayons du soleil. Elle vint vers moi et s'asseyant sur le rebord du lit, elle me regarda fixement et tout en souriant, elle me dit :

- Maintenant... tu prends le café ou tu niques ?

Me redressant sur mon séant en calant l'oreiller derrière mon dos, un peu choqué tout de même, je répondis sans vouloir paraître gêné par sa proposition :

- Je prends le café. Mais comme je pars dans quelques minutes, je ne vais pas te faire un bébé. Tu es très gentille... Viens que je t'embrasse... Après tu t'en iras. Il faut que je me prépare. Sur le bureau, tu trouveras une enveloppe, c'est pour toi.

La jeune Berbère s'approcha. Son odeur corporelle était forte, épicée. Sur sa bouche épaisse, je l'embrassai du bout des lèvres. Elle tint ses yeux fermés un bon moment... Elle avait quand même obtenu de moi un petit quelque chose. Elle était simplement venue mendier un peu d'amour. Silencieuse, elle se leva. Elle alla jusqu'au bureau, prit la petite enveloppe, me regarda tristement et disparut.

Le Docteur m'attendait de l'autre côté de la grille. La Mercédès était déjà sortie. Je me retournai une dernière fois pour embrasser d'un regard rapide cette demeure où je vécus des jours heureux. Au premier étage il me sembla avoir aperçu un rideau remuer légèrement...

- Avez-vous bien dormi ?

- Non, pas très bien Docteur. Je n'aime pas les départs.

- Vous savez jeune homme, la vie est faite de rencontres, de séparations, de joies et de peines : c'est le sel de notre existence. Moi, je n'aime pas la routine. J'étais fait pour l'aventure. Hélas ! je fais de la médecine à la campagne...

Tandis que nous roulions vers le centre de la ville :

- Tenez mon jeune ami, me dit-il, voilà une lettre de Gisèle qui s'excuse beaucoup de vous laisser partir ainsi. Elle tenait à vous en informer par écrit. Ah ! les femmes sont bien déroutantes, mon cher.

- Comment va-t-elle ce matin ?

- Beaucoup mieux. C'est l'affaire d'un jour ou deux. Dites-moi, si vous nous écriviez quand vous serez installé à Fès ? Donnez-nous votre adresse ainsi que de bonnes nouvelles...

Nous étions arrivés sur une petite place, tout près de l'arrêt des cars en partance pour Casablanca. Nous fîmes quelques pas ensemble. Le Docteur me semblait presque joyeux. En tout cas très paternaliste. Il se tourna vers moi en me tendant la main d'une façon franche et courtoise :

- Mon jeune ami, je vous souhaite bonne chance et tâchez de retourner en France en bon état.

- Docteur, je vous dis au revoir, et un grand merci pour tout !

Maintenant, j'avais hâte de partir... de rouler... d'aller plus loin. De voir autre chose, d'oublier. J'avais le cœur gros : j'étais malheureux ! Le sentimental que je suis, souffrait d'être pris ainsi comme un novice au jeu de l'Amour ! Je tenais fermement la lettre de Gisèle. Avais-je peur de l'ouvrir, de lire des mots cruels et pleins de reproches écrits de la main de cette femme qui m'avait tant charmé ?

Je ne voyais rien, ni du paysage, ni des voyageurs tant j'étais absorbé par mes pensées. Mes souvenirs étaient encore bien vivants.

Le car roulait depuis longtemps déjà. Je me décidai enfin, dans un moment de tranquillité, à ouvrir cette enveloppe. Mon cœur battait comme celui d'une jeune fille romantique au moment de sa première émotion amoureuse.

Mon cher Louis,

Je regrette beaucoup de ne pas être présente lors de votre départ. Au fond cela était peut-être préférable pour nous deux. Je n'oublierai jamais les moments fort agréables que nous avons vécus ensemble lors de votre séjour.

Par contre, je vous demande de ne plus penser à moi comme vous le faites. Votre tendre cœur ne doit pas souffrir inutilement, vous êtes bien trop jeune et vous avez toute la vie devant vous pour aimer. Vous savez, je suis triste de vous voir partir ainsi, mais je crois qu'il le fallait. Ne m'écrivez surtout pas, vous m'oublierez peut-être ainsi plus vite.

Gisèle

PS. Je t'en prie, déchire cette lettre quand tu l'auras apprise par cœur.

Je regardai au loin sans rien voir. Quelques larmes s'échappèrent de mes yeux… Dans la poche de ma veste, mes doigts jouaient avec une perle…

*

Qu'il est long le chemin qui vous éloigne du bonheur ! Ce voyage avec de nombreux arrêts, vers Casa, n'en finissait pas. Je ne faisais que penser à Gisèle. De son côté, ce matin elle avait dû avoir de la peine en voyant partir ce jeune réfugié venu de France qui était parvenu, avec l'ardeur de ses vingt ans à troubler les eaux calmes d'un ménage apparemment sans histoires.

Mon cœur est triste. Il faut que je surmonte cette épreuve rapidement si possible. Bien sûr, cela fait somme toute partie de mon éducation sentimentale. Heureusement, les événements allaient se précipiter. J'avais devant moi deux jours de détente à Casa. Ensuite, Dimanche je prendrai le train pour

Fès. Mon incorporation à la Base aérienne étant effective dès lundi matin à huit heures : un tout nouveau programme s'offrait à moi.

À mon arrivée à Casa, je me rendis d'abord chez l'architecte, l'ami de mon père.

Une fois de plus je fus reçu comme un fils de la famille. À peine arrivé je m'inquiétai d'un éventuel courrier arrivé de France. Hélas, ce courrier tant attendu n'était pas là. Mais il y avait quand même une gentille carte de mon frère postée à Port-Lyautey. L'après-midi, l'Architecte m'emmena voir quelques chantiers en activité à Casa et dans sa proche banlieue. Au retour, il me fit visiter son vaste bureau bien placé autour d'un patio central orné de plantes vertes « montant à l'assaut » d'une fraîche fontaine. Dans les bureaux clairs, quelques dessinateurs penchés sur leurs spacieuses planches à dessin, élaboraient sans doute de hardis projets de constructions modernes qui verraient le jour dans Casa-la-Blanche. Dans d'autres petits bureaux, des secrétaires affairées tapaient à la machine d'interminables devis.

La soirée fut calme et conventionnelle. Après le repas, dans le salon au style contemporain, une fois de plus, on me fit raconter ma récente évasion. Bien que je fusse très amicalement et très confortablement reçu, dès le lendemain je décidai de prendre un peu l'air. J'aspirais surtout à plus de liberté.

Au cours de l'après-midi de ce jour libre, je tentai de réaliser la deuxième phase de mon programme prévu pour ce week-end à Casa : faire la connaissance de cette femme qui, au cours de mon hospitalisation avait manifesté le désir d'être ma marraine de guerre pendant tout le temps où « son filleul » serait séparé de sa famille. J'avais rapidement inscrit son adresse sur un petit bout de papier que j'avais bien du mal à retrouver au fond de ma poche. À tout hasard, et avec un certain aplomb, j'allai sonner à l'appartement indiqué. Une femme d'une quarantaine d'années à la chevelure rousse apparut dans l'entrebâillement de la porte.

- C'est pourquoi ?
- Madame C ?
- Oui, c'est bien moi.
- Je me suis évadé de France, et à l'hôpital de Casa vous avez proposé d'être la marraine de guerre d'un jeune militaire sans famille…
- Ah oui, parfaitement… je me souviens de vous. À vrai dire… et pour être sincère, je ne pensais plus à vous ! J'avais fait cette proposition il y a plus d'un mois. Comme j'étais sans nouvelles, je pensais que mon offre n'intéressait personne. Entrez, je vous en prie. Vous êtes en civil ?

Je la sentais très méfiante. Pour dégeler notre premier contact, il fallait que je réponde à son interrogatoire discret.

- Je serai habillé en militaire lundi. Car ce jour-là, je rejoindrai la base aérienne de Fès afin d'y suivre les cours de Radio. Après l'hôpital, j'ai passé une quinzaine de jours de convalescence à Settat. En partant, j'ai pensé que je pouvais vous faire cette première visite.

La conversation s'orienta tout de suite sur les motifs qui m'avaient poussé à m'évader de France et sur les difficultés rencontrées pendant la traversée de l'Espagne. Elle voulait savoir quelle était ma région d'origine. Que faisaient mes parents. Quelles étaient mes opinions politiques. Que pensait-on du nazisme en France.

Par contre, j'ai eu beaucoup de mal à obtenir quelques renseignements sur elle. Elle était de religion juive. À Paris elle travaillait dans le milieu du cinéma et elle avait fui les Allemands. Je n'ai pas réussi à savoir comment elle était arrivée à Casa. Elle disait être une femme libre, vivant seule, séparée de son mari car elle n'avait pas pu le supporter plus de deux ans. Elle n'était pas très belle. En revanche elle avait beaucoup de présence. Son intelligence était vive. Elle avait un esprit de répartie teinté d'humour. Quand elle le voulait, elle éclairait son visage d'un sourire plein de charme, ou faisait briller dans son regard un étrange éclair de détermination. Entre nous la glace était rompue. Elle me proposa son hospitalité, et me dit avec un sourire retenu mais plein de malice :

- Vous êtes un charmant garçon... avec vous, je vois bien que je ne risque rien. C'est plutôt vous qui prenez un risque en restant ici...

Le repas du soir fut plutôt une dînette. Depuis son arrivée à Casa, elle m'avoua qu'elle vivait repliée. De ce fait, elle s'était fait peu de relations. Si elle était restée à Paris, elle aurait été déportée comme le furent des milliers de juifs. Ici, au moins elle vivait au calme dans l'attente des événements. Pour elle, ce qui était le plus dur c'était d'avoir cessé son vrai métier : scripte dans le cinéma.

L'appartement était plutôt sombre. Le papier peint pas gai du tout. Mais l'hôtesse était accueillante. Je sentis très vite chez cette femme mûre beaucoup de cœur : une sorte de chaleur maternelle à fleur de peau qu'elle n'avait peut-être jamais eu l'occasion d'exprimer. Parfois, elle s'adressait à moi comme elle l'aurait fait à son propre fils. En retour, je sentais qu'elle avait aussi besoin d'affection. Avait-elle connu le réconfort de l'affection au cours de sa vie et dans son exil ?

Voici la petite chambre d'amis, bien triste elle aussi, dont la seule fenêtre donnait sur le pignon d'un immeuble voisin. Je découvris un étroit petit lit dont le matelas me sembla bourré de noyaux de pêches. J'éprouvai soudain une sensation de déprime : je pensais à la petite chambre mauresque de Settat, à la jeune Berbère, et surtout à Gisèle. À ce paradis perdu que je ne reverrai plus parce que je ne pouvais prétendre à rien, et que les sentiments que j'avais éprouvés « si beaux fussent-ils » étaient bons à mettre au panier. Si je rencontrais de la peine et de l'amertume, c'était pour me prouver une fois de plus, si cela était nécessaire, que la punition était dans la faute pour avoir tenté d'aimer dans des conditions interdites par la Loi Morale. Je devais être puni. Et demain, je souffrirai du mal d'Amour à cause de cette séparation !

Avant de me coucher, il fallait que j'aille dans la salle de bains. La pièce était éclairée, la porte légèrement ouverte. Je frappai discrètement. N'obtenant pas de réponse, j'entrai. Ma marraine était là, nue, debout devant le lavabo. Je la voyais de dos mais le miroir reflétait son visage et ses seins. Elle brossait sa chevelure.

- J'ai frappé, dis-je, fort surpris.

Son visage rayonnait de malice. Me regardant dans le miroir, sans se retourner elle dit :

- Vous n'allez pas me dire qu'en me voyant nue vous avez eu peur ! À votre âge… À moins que sur un certain plan votre éducation n'ait pas été entièrement achevée ! Je ne sais pas si ce genre d'expérience peut vous être communiqué par une marraine de guerre… Telle est la question…

Tout en continuant à brosser ses cheveux, et en guettant mon trouble que lui renvoyait la glace, elle se mit à rire.

Sans chaussures, elle n'était pas très grande. Ses fesses étaient plutôt basses et son corps était bien enrobé dans l'ensemble. Je retournai rapidement m'enfermer dans ma petite chambre. Étant donné l'état d'esprit dans lequel je me trouvais, ce spectacle ne me plaisait guère. Je sentais même en moi monter une certaine tristesse. En quelques jours, j'avais eu à trois reprises l'occasion d'approcher une femme sérieusement. Deux d'entre elles s'étaient montrées relativement faciles, mais sans aucun sentiment d'amour, ni même d'affection. Ce soir, mon cœur était blessé. Il fallait vite que je trouve le sommeil et l'oubli.

Le lendemain, un bruyant omnibus m'emmena vers la ville Impériale de Fès. Je laisse monter en moi les souvenirs et les images sans ordre chronologique, sans les classer ni les retenir, comme on vide un sac après un long voyage. Demain sera un jour nouveau. Le soleil se lèvera pour un jour tout neuf, chargé d'espérance, mais aussi d'inquiétude. Ainsi va la vie…

À l'École Militaire de Fès, on ne badine pas avec les nouvelles recrues. Il faut bien sûr suivre les cours, mais il faut avant tout faire ses classes ! À savoir le maniement des armes, la marche au pas cadencé, en groupes tous les exercices de mouvements : « En avant, tête à droite ! Garde à vous ! Reposer… arme ! » Tout ceci sur le béton de la piste de la base aérienne sous le soleil implacable du Maroc. But de la « manœuvre » nous discipliner, obtenir de nous une obéissance immédiate et aveugle, afin que nous soyons bien moulés dans l'esprit militaire.

En quelques jours, le dépaysement total est garanti. Mais on n'oublie pas pour autant le visage de la femme qui vous a séduit. Un train d'enfer est imposé pour la préparation militaire des engagés en temps de guerre. Il n'y a pas de temps mort. Cela va de la longue marche avec les godillots, le sac chargé sur le dos dans le paysage sec et aride de la montagne voisine, jusqu'à la gymnastique et les sports obligatoires en passant par le stand de tir, les cours théoriques et l'atelier pour les travaux pratiques. La journée se déroule à toute allure. Le soir, après la soupe, sur mon lit, je tombe d'épuisement. Les cours de radioélectricité ont commencé il y a cinq mois. Je « prends le train en marche ». Ma formation antérieure me permet rapidement de me mettre à niveau. Nous sommes en février et les examens auront lieu en juillet. Ensuite, nous recevrons notre affectation dans une unité combattante. En temps de paix, cette formation est assurée en trois ans par l'École de Rochefort.

Ma vie à l'École Militaire de Fès sera émaillée d'une série de petits incidents qui resteront gravés dans ma mémoire.

Le premier d'entre eux se déroula au stand de tir, avec un fusil Lebel et des balles réelles. Un de mes copains de chambrée commettra une erreur impardonnable. Dans un moment de gaminerie inexplicable, il me mettra en joue « pour rire » avec un fusil chargé ! Se trouvant à quelques mètres de nous, l'Adjudant-Chef responsable du tir avait vu la scène. Il fera arrêter sur-le-champ ce jeune militaire qui sera conduit au cachot par deux Sénégalais pour quinze jours de prison ferme.

Un autre incident éclatera à l'atelier de travaux pratiques. Alors que je travaillais consciencieusement à la soudure d'un câblage sur le châssis d'appareil radio émetteur, un de mes camarades inversera les fils, enlèvera la masse de la table métallique sur laquelle j'opérais, et mettra le courant « pour se marrer un peu ! » Je reçus une terrible décharge. En hurlant j'envoyai mon fer à souder au travers de l'atelier. Ma réaction fut instantanée et brutale ! Voyant l'auteur de cette stupide plaisanterie rire de son effet, je me dirigeai vers lui et, sans retenue, je lui administrai une correction dont il se souviendrait. Mes poings volaient, frappaient son visage, son estomac. Il fallut l'intervention de quelques camarades pour m'arrêter dans mon déchaînement pugilistique vengeur. J'ignorais que j'étais capable de me servir de mes poings avec une telle hargne. Ayant repris mes esprits, je constatai que le copain responsable de cette plaisanterie stupide gisait sur le sol de l'atelier, étendu pour le compte après avoir reçu - paraît-il - un dernier crochet du droit. Je fus néanmoins traduit devant l'Adjudant responsable de la discipline. Mais je fus sauvé du cachot grâce à l'intervention de mes professeurs qui signalèrent dans leur rapport que j'étais un élève exemplaire.

Un autre fait marquant de ce séjour, fut d'origine climatique. Étant donné la forte chaleur qui règne sur Fès, la sieste postprandiale est obligatoire avec interdiction de se déplacer dans la Base Aérienne. Certains militaires, pour des raisons de service sont autorisés à circuler, à condition toutefois de porter le casque colonial.

Ce jour-là, je désobéis aux ordres. À l'heure de la sieste je quittai la chambrée pour aller porter mon linge à laver chez une Marocaine dont la demeure se trouvait de l'autre côté de l'aérodrome. Il fallait donc traverser la piste où régnait une très forte chaleur due à la réverbération du terrain. Distrait, j'oubliai mon casque. Le soleil était au zénith. Au retour je fus pris d'éblouissements, je titubai, je perdis à plusieurs reprises l'équilibre, avant de m'affaler de tout mon long sur le béton de la piste. J'étais victime d'une brutale insolation. Des Sénégalais de garde près des hangars, m'ayant vu tomber, accoururent et me transportèrent à l'infirmerie. Quand je repris connaissance, le toubib et une infirmière étaient à mon chevet. Au-dessus de moi un ventilateur aux larges pales tournait silencieusement brassant l'air du local. Il faisait frais. J'éprouvais malgré tout un violent mal de tête. Je voyais double les personnes qui se trouvaient dans la chambre. Il a fallu que je reste quatre jours en observation. En sortant, j'appris que mes permissions de minuit et de vingt-quatre heures étaient supprimées pour une durée d'un mois ! Il fallait payer cette imprudence !

Quand nous obtenions une permission, aussi courte fût-elle, nous nous rendions à Fès : la prestigieuse cité de l'Islam, distante seulement de la Base Aérienne de quelques kilomètres que nous parcourions allégrement à pied, pour notre plus grand bien.

Fès est la plus ancienne des villes Impériales du Maroc. Elle fut longtemps, pour les musulmans, un centre culturel et religieux. Sa situation au centre de la plaine du Sais est remarquable. On ne peut qu'admirer cette importante agglomération sertie de verdure dans un cadre superbe de montagnes lointaines. Au-dessus du tohu-bohu de ces terrasses imbriquées, émergent les minarets et les grands toits des sanctuaires religieux. C'est, à plus d'un égard, une ville très intéressante qui présente de nombreux aspects et des curiosités très diverses : les tombeaux mérinites, les remparts, les portes de la ville, les palais décorés d'une mosaïque bleue ou verte, les mosquées et leurs minarets, les sanctuaires tels celui de la Zaouïa Mouly Idriss, la place Nejjarine avec sa jolie fontaine, etc.

Il faut découvrir Fès en parcourant à pied ses souks, au milieu des étaux et des échoppes, dans le grouillement de sa foule. Il faut observer les artisans travaillant devant vous de façon artisanale et traditionnelle l'argent ciselé, le cuivre, le cuir, l'argile, tissant des étoffes chatoyantes. Ainsi, avec curiosité, on parcourt le quartier des tanneurs, celui des teinturiers ou celui de la poterie. Surtout, ne vous perdez pas dans ce labyrinthe de ruelles étroites d'où partent des impasses mystérieuses

Avant mon arrivée, dans la Médina, un militaire français fut retrouvé poignardé. Il était donc formellement interdit aux militaires de l'École de s'y aventurer seul. En petits groupes et sous la responsabilité d'un sous-officier armé nous pouvions visiter de nouveau la vieille cité. Je dois reconnaître que je n'étais guère rassuré de me trouver au milieu de ces Arabes au regard difficilement déchiffrable. Il y avait d'ailleurs, dans l'air, comme un premier vent de révolte à l'égard des Français, prémices d'une indépendance prochaine. Tout à côté, on trouvait les premiers quartiers d'une ville moderne, avec des cafés et des restaurants aux terrasses ombragées, où nous aimions nous retrouver après nos excursions dans la cité historique. Là, nous faisions la connaissance de Français ayant délibérément choisi de vivre au Maroc. Les jeunes filles européennes étaient peu nombreuses et les militaires s'agglutinaient en grappes autour d'elles lorsque celles-ci avaient décidé de venir prendre un rafraîchissement à la terrasse d'un café. Dans ces conditions, pas moyen d'établir de bonnes relations avec elles !

Je me souviens d'un café maure joliment situé à l'extérieur de la ville et qui se trouvait au fond d'une cuvette surprenante. Le lieu était ravissant, une véritable petite oasis car il y avait un peu d'eau, quelques îles d'où s'élançaient de beaux palmiers bien coiffés. L'endroit était presque frais et contrastait avec les abords dépouillés et brûlants de la grande Cité. En s'approchant, on entendait d'abord une musique arabe lancinante et envoûtante. Ensuite, nous étions accueillis par des femmes berbères, ce qui constituait pour nous une surprise. Enfin, une odeur de menthe fraîche parfumait ce minuscule palais où régnait une réelle douceur de vivre. L'une des femmes s'approcha de moi, me sourit longuement. Dans son regard il y avait du charme allié à un grand pouvoir de séduction. D'une voix de velours elle me posa cette délicieuse question : « Tu niques ou tu prends seulement le thé à la menthe ? »

À Pâques, pour permettre aux élèves et aux professeurs de se reposer une permission de huit jours est accordée. Je décide sans hésiter de retourner à Casablanca avec le secret espoir de revoir mon frère et mes récentes relations. J'hésite sur le choix de mon point de chute. Il y a des avantages et des inconvénients autant chez l'architecte que chez ma nouvelle marraine de guerre. Après mûres réflexions, je choisis de retourner chez cette femme, car j'ai l'impression que je gênerai moins, je serai plus décontracté. Je lui écris et je reçois son accord. Je préviens mon frère de mon prochain séjour à Casablanca. Tout va pour le mieux ! Dans le cadre de l'École Militaire, après des semaines de cours intensifs, je suis ravi d'avoir obtenu cette permission de détente.

C'est en « aviateur » que je reviens à Casa. C'est en costume de drap bleu, calot sur le côté avec l'insigne des ailes dorées que je me présente à la porte de l'appartement de ma marraine, tout sourire aux lèvres. Je suis accueilli avec beaucoup de chaleur. Elle m'embrasse :

- Comme je suis heureuse de vous revoir mon cher Louis... Soyez à l'aise, pendant votre séjour, vous pourrez aller et venir à votre guise. Prévenez-moi seulement pour les repas. Cela va me changer... je suis tellement seule et je n'ai aucune nouvelle de France. Mais, ne m'appelez pas toujours Madame... allez... appelez-moi Yvonne !

Je m'échappe alors pour quelques heures, le temps d'aller chez l'Architecte pour savoir si des nouvelles de mes parents lui sont parvenues.

- Hourra !

Je saute de joie. Je suis tout illuminé d'un bonheur transcendant. J'embrasse cet homme qui vient de me remettre le premier message de mes parents. C'est un message du Comité International de la Croix-Rouge de Genève, avec un cachet de Vichy et un autre de Casablanca.

Je parcours avidement ces quelques mots calligraphiés dans un style télégraphique. Je reconnais bien là l'écriture de mon père.

- Oui, c'est bien lui... C'est mon père qui m'écrit.

J'en pleure d'émotion.

« Toujours bonne santé. Vous espérons contents tous les deux. Avons reçu plusieurs fois de vos nouvelles. Très heureux vous lire. Pensons constamment à vous. Nous vous embrassons affectueusement. CHARLES. »

Cela faisait dix mois que je vivais sans aucune nouvelle de mes parents... Ayant été appelés, Jacques et moi, au Service du Travail Obligatoire, pour y échapper nous partîmes. Mais, nous étions inquiets. Nos parents pouvaient faire l'objet d'éventuelles représailles qui auraient pu être menées aussi bien par la Police de Vichy que par la Gestapo.

Le message de mes parents sur le cœur, je déambule dans les rues, tout heureux de ces bonnes, de ces excellentes nouvelles. Afin de pouvoir me rejoindre dans cette belle ville de Casa, s'il obtient sa permission de vingt-quatre heures, demain je partagerai cette grande joie avec mon frère Jacques. L'idée me vint de fêter ce premier message de mes parents avec ma marraine qui a eu la gentillesse de me recevoir et de m'héberger. Dans une épicerie fine, je déniche une bouteille de vrai Champagne. Je paie le prix demandé. C'est une boisson qui était devenue rare au Maroc. Tant pis ! Quand l'occasion se présente il faut savoir faire la fête !

Dès que je fus dans l'appartement, Yvonne qui, du balcon qui donnait sur la rue m'avait vu arriver, m'appela :

- Venez voir, Louis, vous allez assister à une scène digne du cinéma hollywoodien.

À mon tour, je m'avançai sur ce petit balcon qui surplombait une rue du centre de la ville, grouillante, bruyante et sale.

- Regardez, la Military Police vient d'arriver devant le bar en face de notre immeuble. Ce bar est fort connu des militaires américains et les femmes qui, en ce lieu, proposent leurs charmes viennent de tous les continents. Il ne se passe pas une journée sans qu'il y ait un accrochage sérieux avec la police. Regardez !

En effet, ce fut très spectaculaire. Les MP avec casque et guêtres blanches vidèrent en un clin d'œil efficacement et sans ménagement cette petite maison close de son contenu de militaires américains. Il y eut même des coups de matraque sur les plus récalcitrants. La main au colback, les « GI » traversèrent le trottoir en moins de deux et furent invités à monter dans le car de police aux vitres grillagées. Celui-ci démarra en trombe. Militaires et policiers sautèrent dans deux

« jeeps » blanches et, dans un concert de sirènes, le convoi disparut rapidement comme avalé par l'agitation désordonnée de la ville. Quelques femmes affreusement maquillées, aux robes profondément décolletées et largement fendues, perchées comme des grues sur de hauts talons, sortirent à leur tour, le fume-cigarette à la main et l'air profondément indigné. À côté de nous, sur un long balcon de l'immeuble contigu, cinq ou six militaires se tordaient de rire. Ils interpellèrent en américain, mais avec l'accent populaire des faubourgs de New York les femmes aux « mœurs légères ».

Les « poules » rentrèrent au bercail en se frappant le front, elles venaient de comprendre de quoi il s'agissait. Un Américain du balcon voisin nous ayant aperçus, donna d'un seul geste la clé de la séquence que nous venions de vivre : il mima le geste téléphonique en se mettant l'index sur la poitrine tout en riant fortement. Une énorme blague à l'américaine !

Nos voisins d'immeuble étaient des militaires chargés de la réception et de la distribution du courrier entre l'Amérique et les troupes engagées en Afrique du Nord. Pour se distraire un instant, ils avaient tout simplement téléphoné à la Military Police en leur demandant d'intervenir de toute urgence, une bagarre ayant éclaté à l'intérieur du bar « Au Panier Fleuri ». La suite était prévisible compte tenu de l'intransigeance américaine en territoire étranger.

Nous rentrâmes dans le petit salon.

- J'espère que vous n'avez pas pris l'habitude de fréquenter ce genre d'établissement ? lança en guise de conclusion ma marraine de « guerre ».

- J'ignore totalement tout ce qui se passe dans ces maisons, bredouillai-je en rougissant jusqu'à la racine de mes cheveux.

- Il sera toujours assez tôt pour l'apprendre, répliqua Yvonne. D'ailleurs, cela n'est pas une bonne école pour un jeune homme ayant votre sensibilité. Vous seriez choqué par ce grand déballage de sexe. Pour approcher la femme, il faut d'abord bien la connaître. Éprouver pour elle de nobles sentiments amoureux, sinon...

Le repas fut très agréable. Le champagne aidant, Yvonne se mit à me raconter toute une série d'anecdotes plus ou moins polissonnes. Après s'être éclipsée discrètement, elle revint vêtue d'un beau déshabillé en cachemire rouge sombre. Elle tenait un livre à la main. Ensuite, toujours silencieuse, elle mit sur le tourne-disque un disque de musique orientale et vint s'asseoir sur le divan du salon. Elle m'invita à la rejoindre au milieu d'une montagne de coussins aux couleurs bariolées.

- Plus près... voyons Louis... plus près ! Pourquoi êtes-vous si réservé, si distant ? Avez-vous peur de moi ? Dites-le franchement. Que voulez-vous qu'il vous arrive de fâcheux ?

Soudain, elle se voulut plus souriante affichant une pointe de séduction :

- Aimez-vous la poésie ? Si vous le voulez bien, je vais vous lire quelques poèmes érotiques. Moi, j'aime la poésie érotique. Elle vous met en appétit, en extase. Pas vous ?

- En dehors de la poésie classique que j'ai apprise à l'école, j'ignore tout de cette forme de poésie, ainsi que beaucoup d'autres choses...

Elle se rapprocha de moi. Ses yeux mi-clos me lancèrent un éclair séducteur. Je me mis à frissonner. Percevant mon trouble, elle me lança :

- À votre âge, tout peut s'apprendre encore...

À quoi voulait-elle faire allusion ? Où voulait-elle en venir ? À vrai dire, je reçus ce regard et ces paroles avec une certaine gêne. Une émotion sans doute très légitime pour un jeune homme émotif et naïf qui tressaillait au côté d'une femme mûre, en déshabillé, un peu grisée par quelques coupes de champagne.

Soudain, je réalisai que ma vertu était en danger. Les premiers vers dits d'une voix suave, sur fond musical enivrant, accompagnés d'une série d'œillades significatives, me firent comprendre que j'avais bien évalué la situation… Que faire ? J'étais sous le charme de cette femme accomplie, dans une ambiance érotique qu'elle avait su créer de toutes pièces. L'érosion de mes fragiles défenses naturelles dans ce domaine se produisit, au fur et à mesure que les images ainsi créées par les mots se fixaient dans mon esprit, se faisaient de plus en plus suggestives.

Rapidement je me rendis compte que je perdais pied et qu'instinctivement je me rapprochais d'elle, fasciné par son appel indirect et discret à lui faire l'amour. J'étais de plus en plus convaincu que cela ne pouvait pas se terminer autrement. En m'approchant d'elle, je sentis un délicieux parfum de jasmin que son corps frémissant exhalait. Je n'entendais plus ni la poésie, ni la musique, je ne voyais que ses lèvres bouger et, dans son regard, je lisais tout.

Le livre de poésies se referma de lui-même, il avait rempli sa mission, il était devenu inutile, voire gênant. Elle ouvrit lentement son déshabillé laissant apercevoir des trésors… je fus pris d'un agréable vertige. Ensuite, je ne me souviens plus très bien de ce qui se passa… Le livre de poésies glissa sur ses cuisses légèrement découvertes. La « toison » intime m'apparut comme une touffe de lichen de teinte rousse enracinée dans une faille de marbre blanc. Le livre termina sa descente sur le tapis et, comme il est discret de nature, ne voulant plus être le témoin de ce qui allait se passer - ce qui était en partie de sa faute - il se glissa sous le déshabillé de cachemire : celui-ci venait de tomber, on ne sait comment !

Le lendemain, j'avais rendez-vous avec Jacques, sur la Place de France. À peine nous étions-nous embrassés que je lui criai :

- Tu sais, j'ai une grande nouvelle. Nous avons reçu un premier message de nos parents. Tout va bien. Leur santé est bonne. On va, si tu veux dès aujourd'hui leur répondre par un nouveau courrier de Casa. Tiens, voilà le message. Lis !

Ce fut une très agréable journée de retrouvailles. Nous étions très heureux tous les deux. Il faisait beau, nous avions vingt ans et nous venions de réaliser la première partie de notre grand projet. De plus, nos parents allaient bien et recevaient nos nouvelles.

On prit la route de la corniche rocheuse en direction d'Aîn-Diab : promenade magnifique sous le soleil matinal. On dégota un petit restaurant sympathique avec terrasse et vue sur l'Océan. En dégustant un petit rosé frais et fruité, Jacques me confia une information qui, sur le moment, m'attrista. Ce fut comme un gros nuage qui soudain vous enlève toute joie. Il m'annonça qu'il venait d'effectuer son cinquième saut en parachute passant ainsi avec succès son Brevet de Parachutisme. Il me parla avec beaucoup d'enthousiasme de son entraînement qui comportait les méthodes modernes de combat avec armes et à mains nues. Il fut ravi de m'apprendre que la préparation terminée, il gagnerait l'Algérie pour un éventuel débarquement en Corse ou en France. Comme je restais bouche bée devant cette révélation, mon frère s'emporta :

- Il faut bouter les Allemands hors de chez nous et le plus tôt possible. Nous ne sommes pas venus pour enfiler des perles ou pour nous faire bronzer ! s'écria soudain mon frangin comme mû par un puissant ressort patriotique. Tous mes copains sont comme moi, très motivés. Puis se radoucissant : et toi, quels sont tes projets ?

- Je termine mes examens en juillet. Ensuite, suivant mon classement, je serai affecté dans une unité aérienne en opération, quelque part sur le front. Je rejoindrai cette unité-là où elle se trouvera en août prochain.

Une ombre plana un instant sur notre tête-à-tête. Nous regardions dans la direction de l'horizon infini de la mer sans rien voir. Nos pensées, un instant, s'étaient élevées comme pour mieux apercevoir notre avenir. Nous allions bientôt, tous les deux, entrer dans une phase active de la guerre. Nous étions venus pour accomplir notre devoir pour notre patrie. Mais, reconnaissons que jusqu'à ce jour nous n'y pensions pas trop. Je me rendais compte que Jacques serait parachutiste au 2e Commando de France, et moi Radio dans un groupe de bombardement par exemple. Que nos vies seraient en jeu comme celle de tout militaire en temps de guerre. Mes parents disaient que pendant la guerre 1914-1918, des familles avaient été sévèrement touchées, perdant parfois plusieurs fils. Je pensai alors à mes chers parents. Quelle serait alors leur souffrance ?

L'eau était bonne, le soleil brillait dans un ciel bleu et limpide. Et puis, on oublia un instant les nuages noirs de notre avenir pour goûter les délices d'une baignade. Tous les deux sur le sable nous étions heureux. Avant de nous séparer, Jacques rédigea un texte en réponse au message de nos parents, me chargeant de l'expédier dès le lendemain par l'intermédiaire de la Croix-Rouge de Casa.

Avant la fin de cette permission à Casa, je voulais éprouver quelques sensations fortes. Je décidai de faire du cheval. Je n'y entendais rien. Je n'étais monté que sur des ânes et des poneys. Aux abords de la ville j'avais remarqué des Marocains loueurs de chevaux arabes. Cela n'était pas cher du tout. Ces petits chevaux avaient belle allure. Ils étaient vifs et fougueux. Par ce bel après-midi de printemps, je voulus me faire ce plaisir, enfin… c'est ce que je croyais !

- Il est trois heures Mossié, vous pouvez aller vous promener et rentrer vers cinq heures, si vous voulez…

Je fis connaissance de Sultan. Il était bien sûr de petite taille, l'œil était noir et vif, la queue toujours en bataille. À peine avais-je mis les pieds dans les étriers, qu'il partit comme une flèche. Comme si j'avais enclenché par mégarde la manette des gaz d'un moteur puissant. Un aviateur sur un cheval arabe ! C'était un tableau hilarant, d'autant plus que le cheval, n'étant pas du tout dirigé, n'en fit qu'à sa tête. Après avoir emprunté devant les portes de la ville une partie des zones non urbanisées, Sultan s'engagea malgré mon désaccord au beau milieu de la circulation d'une rue principale qui devait nous conduire en quelques minutes au cœur de la cité européenne.

C'est au galop que j'abordai le carrefour le plus important de Casa. Je tins bon. Ma position devait être bonne puisque je restai en selle malgré la vitesse prise par le pur-sang. Je me souviendrai toute ma vie des gestes désespérés que j'adressai à l'agent de police qui, du haut de sa guérite au centre du carrefour, contrôlait le trafic. Il siffla à plusieurs reprises. Notre équipage était en totale infraction vis-à-vis des lois de la circulation en vigueur, notamment en ce qui concernait le sens giratoire. On devait bien rire à la terrasse des cafés français de la grande avenue en voyant passer cet aviateur, cavalier malgré lui !

Sultan connaissait la disposition des rues mieux que moi. Il décida sur un coup de tête d'aller se reposer du côté de la ville arabe. Il devait particulièrement affectionner ce petit coin à l'ombre des remparts, où poussait une herbe tendre, car il choisit de s'y arrêter un instant. Abaissant son encolure afin de mieux brouter, il finit tout doucement par me déposer le plus gentiment du monde sur le sol. Je lui parlai en français, le remerciant pour ses réelles qualités de guide et sans le brusquer, je lui dis : « Quand tu le voudras Sultan nous rentrerons à l'écurie, en empruntant si tu veux bien le chemin qui passe à l'extérieur de la ville afin d'éviter le centre ville. D'accord, Sultan ? » Le retour fut foudroyant ! Je faisais tout mon possible pour me maintenir en selle. Je ne voulais plus le contrarier. Il prit les affaires en main ayant sans doute apprécié le cavalier à sa juste valeur. Je contournai la ville et ses faubourgs. Je serais d'ailleurs incapable de refaire le chemin parcouru. Je ne voyais pas grand-chose tellement j'étais occupé à assurer mon équilibre le corps penché en avant, en recherche de vitesse.

Cette promenade équestre s'acheva plus vite que je l'avais imaginée. À la sortie d'un carrefour, le petit cheval arabe s'engagea à vive allure dans une étroite ruelle. Il sentait l'écurie. Soudain, nous nous trouvâmes devant un grand porche : le portail en bois à double battants était fermé. Mais, dans l'un des battants il y avait une petite porte ouverte. Sultan s'y engagea hardiment… Il passa… moi, non ! Mes deux genoux heurtèrent les panneaux de bois. Instinctivement je protégeai ma tête, et je fus très rapidement désarçonné : tombant lourdement sur le sol juste derrière le cheval ! Je restai sans doute groggy un bon moment. Je me relevai et constatai que je n'avais rien de cassé malgré des genoux très douloureux. Péniblement je fis quelques pas dans la cour de l'écurie. Un vieux Marocain s'approcha de moi :

- Tu sais, c'est de ta faute, il fallait l'arrêter et descendre de cheval avant de franchir la porte. Si tu ne lui dis rien, il ne fera rien. De toute façon, c'est un cabochard. On n'aurait jamais dû te donner Sultan. Il aime à être monté par plus fort que lui. De temps à autre, il a besoin d'une bonne raclée.

Il me semble bien qu'à ce moment-là j'ai entendu un hennissement de protestation. On venait de rentrer Sultan dans son box avec un bon coup de longe sur la croupe.

*

À Fès, les cours, les exercices, les manœuvres se succèdent à un rythme endiablé. Nos brefs loisirs sont consacrés aux révisions. C'est donc comme un coup de tonnerre dans un ciel serein que la nouvelle du débarquement nous arriva. Cette importante nouvelle nous atteignit de plein fouet ! Par la radio, nous étions au courant des événements. Mais, le 6 juin dans la matinée, la surprise fut grande. Les officiers instructeurs arrêtèrent brusquement les cours. Après un conciliabule, le Directeur officier supérieur, vint nous annoncer qu'en Normandie le débarquement avait eu lieu et que les combats faisaient rage. Les cours furent suspendus pour la journée, et une permission exceptionnelle de minuit fut accordée à l'ensemble des militaires de la Base aérienne. Pour tous, l'exaltation était à son comble et se manifestait de mille manières. Un véritable raz de marée de joie difficilement contenue, qui, comme une traînée de poudre envahit bientôt la ville impériale de Fès.

La nuit était venue. Avec les copains je me retrouvai dans les bistros de la cité et, je l'avoue, c'est sans doute le plus mauvais souvenir de mon périple.

On fraternisa avec des soldats appartenant à d'autres armes. On se fit de nouveaux amis. De nouvelles bandes de copains se formèrent. Tous ensemble, on déferla sur la ville ancienne. Nous bûmes plus que de raison pot après pot, tournée après tournée afin de célébrer dans l'allégresse ce jour mémorable. Certains d'entre nous, les plus éméchés, entrèrent dans les bordels de la Médina où des femmes berbères d'âge plutôt mûr, mais la cuisse accueillante, les soulagèrent sans difficulté de leurs petites économies.

Écœuré par ce navrant spectacle, je revins seul à la Base, ce qui était fortement déconseillé depuis les récentes agressions dont firent l'objet les militaires français. La nuit était claire, les étoiles brillaient et l'air parfumé aux herbes sauvages était doux. Soudain, ayant aperçu des ombres, je me dissimulai rapidement dans les broussailles qui bordent le chemin. Avais-je eu des hallucinations dues à l'alcool absorbé ? Je ne le saurai jamais. Mais cela eut le mérite de me dégriser. Je me disais qu'à ce même instant dans les hautes herbes de Normandie des hommes courageux, venus de très loin, se battaient de toutes leurs forces pour chasser l'envahisseur, et que dans ces combats meurtriers beaucoup y laisseraient la vie. Sublime sacrifice ! Et moi… quelle honte d'être là vautré dans les herbes sèches à quelques pas de la Base aérienne. N'ayant plus ici de raison de m'attarder, sous les étoiles, je fis le serment de rejoindre le plus tôt possible les unités combattantes et de participer d'une façon ou d'une autre à la libération de mon pays.

LOLITA

Fès s'éloigne. Le train de marchandises soufflant et crachotant s'engage dans la trouée de Taza : entre les montagnes du Rif et du Moyen-Atlas. La voie ferrée emprunte la dépression qui fut une grande voie de communication historique entre le Maroc et l'Algérie. C'est une région de steppes, très peu peuplée située juste avant le désert de Guercif.

En cette fin de juillet, dans le wagon à bestiaux la chaleur est difficilement supportable. Les portes sont largement ouvertes. Nous sommes en tenue légère, assis sur le rebord de la plate-forme, les jambes pendantes. Nous souffrons de la soif !

Entre Fès et Oran, la voie ferrée étant unique, nous faisons de nombreux arrêts dans les petites gares pour laisser passer d'autres trains. Ce voyage me rappelle la récente traversée de l'Espagne, mais les motivations sont bien différentes. Nous nous dirigeons vers l'Algérie. Demain, peut-être vers la France.

Les examens de l'École Militaire de Fès viennent de se terminer. J'ai obtenu le Brevet Supérieur de Radioélectricien de l'Armée de l'Air. Au classement général, j'ai eu une très bonne place puisque j'étais quatrième sur soixante-seize candidats. Les dix premiers peuvent choisir leur affectation. Les autres sont affectés d'office suivant les disponibilités. Tous les élèves étaient présents devant les officiers supérieurs et les professeurs instructeurs assis à la tribune officielle dans la salle de conférences où les propositions d'affectation étaient affichées sur un grand tableau noir. Un grand silence planait. Il régnait un caractère solennel comme à la distribution des prix en fin d'année scolaire.

Le Groupe de Bombardement « Bretagne » des Forces Aériennes libres, proposait deux places aux nouveaux diplômés. Ce Groupe avait fait beaucoup parler de lui. Il venait du Tchad et avait participé aux récents combats de Tripolitaine et de Tunisie. Il était auréolé de gloire! Je m'inscrivis tout de suite pour cette affectation. Mais il y avait trois candidats avant moi. Qu'allaient-ils faire? Mon cœur battait! Le premier opta pour une École d'E.O.R, le deuxième choisit le Groupe « Bretagne », le troisième... une affectation en Algérie. Ouf! Quand mon nom fut appelé, je me levai et dis d'une voix forte et déterminée : « Je choisis le Groupe Bretagne ».

Je dus rejoindre Oran, et plus précisément la Base Aérienne de La Sénia. Le Groupe était en opérations en Méditerranée et participait activement à la bataille d'Italie. Son emplacement actuel était tenu secret... Après avoir terminé une permission de fin d'études de dix jours, je devais le rejoindre par la voie des airs à partir de la Base de la Sénia.

Juste avant mon départ de Fès, mon frère m'avait écrit, me prévenant qu'il quittait le Maroc, son entraînement de parachutiste étant terminé. Avec son Commando, il se dirigeait vers l'Algérie. Dans l'attente d'un prochain départ vers le front, il pensait rester quelque temps dans la région d'Alger. Il ne connaissait pas exactement son point de chute, mais je me faisais une joie de le retrouver pour passer un jour ou deux de ma permission en sa compagnie avant notre « Grand Retour vers la France ».

Les formalités étant accomplies auprès des autorités militaires de la Base Aérienne de la Sénia, c'est en permissionnaire que je partis faire la visite d'Oran et la conquête de ses belles Oranaises dont la réputation nous était parvenue jusqu'à l'École. Avant tout, je me proposai d'aller faire un tour dans le golfe d'Oran, à la Base Navale de Mers-el-Kébir. Comme tous les jeunes Français de cette époque, j'avais été très sensible au drame survenu le 3 juillet 1940. L'escadre française qui mouillait dans le port, refusa l'ultimatum lancé par les Anglais. Sous le feu nourri des canons de Sa Majesté, ce fut le massacre de notre flotte. 1 300 marins français périrent. Pour nos deux nations « amies » cela restera pour toujours une tache indélébile ! Une tragédie que l'on aurait pu éviter.

Au retour, en empruntant un bus régulier, je rencontrai par hasard une adorable jeune fille. Sur la plate-forme de l'autobus, à côté d'elle, je lui souris. Elle me répondit très aimablement par d'autres sourires des plus charmants. Dire que dès cette première rencontre je fus séduit, n'est pas exagéré. Dans le centre d'Oran, je m'arrangeai pour sauter de l'autobus juste derrière elle. J'attendis quelques instants puis, « j'attaquai » :

- Mademoiselle ?

- Oui...

- Pouvez-vous me renseigner ? Je viens tout juste d'arriver à Oran et je suis perdu...

- On ne le dirait pas ! - elle se fit mutine et souriante - Mais, je peux quand même vous renseigner. Je ne voudrais pas laisser un militaire français à l'abandon !

- Dans votre charmante ville, pourriez-vous m'indiquer le quartier des cinémas ?

- Vous ne manquez pas de toupet vous, les aviateurs pour aborder les jeunes filles...

Nous nous étions arrêtés. Je sentais qu'elle me dévisageait. L'examen a dû être assez favorable puisque gentiment elle me dit :

- N'y a pas de cinémas dans ce quartier. Vous auriez dû descendre deux arrêts plus loin. À Oran, il n'y a pas de séance avant vingt et une heures. Quand il fait beau comme cet après-midi, voyons, ce n'est pas le moment d'aller s'enfermer dans un cinéma… Vous ne dites plus rien ?

- Mademoiselle, je vais être franc avec vous. Je n'avais pas l'intention d'aller au cinéma… je voulais tout simplement vous parler. Tout à l'heure, dans l'autobus, j'ai eu cette idée, cette excuse. Il y avait derrière vous une affiche annonçant un nouveau film. Alors, j'ai pris mon courage à deux mains…

- Heureusement pour moi !

Renversant la tête en arrière, elle se mit à rire. Elle était ravissante. Dix-huit ans à peine. Brune avec de longs cheveux, une bouche petite, une taille fine, mignonne à croquer !

- Vous êtes dans l'aviation ? Alors, vous êtes à la Base de La Sénia ?

- Oui, je viens juste d'arriver. Depuis quelques mois, j'étais à Fès. En réalité, j'arrive de France via les prisons espagnoles.

- Ah ! de France ? Vous venez de France… Comment avez-vous réussi à passer ? Oh ! dites, racontez-moi votre périple.

J'avais fait mouche. Pourtant, mon introduction était loin d'être innocente. Je savais que je pouvais accrocher avec un tel sujet. Nous marchions côte à côte dans une artère importante du centre d'Oran. Elle était fort aguichante dans son ensemble imprimé en rouge, chemisier tout boutonné à buste cintré, jupe à double volant, de quoi faire tourner la tête à un jeune militaire comme moi. J'étais comblé, heureux !

Tout en faisant sur les boulevards un petit bout de promenade, je lui racontai les grandes lignes de mon évasion. En passant devant la terrasse ombragée d'un café particulièrement accueillant, plantes vertes et mobilier en rotin, je l'invitai à prendre un rafraîchissement. Elle accepta sans la moindre hésitation, et elle me posa alors, maintes questions sur ma vie en prison. Quand je lui appris que dès les premiers jours de cachot je fus tondu et rasé, elle sursauta, cette brimade l'avait peinée : « C'est humiliant » dit-elle.

Depuis quelques instants, je souhaitais ne plus parler de ces événements personnels et aborder un sujet qui la concernait. Je voulais apprendre quelque chose sur elle.

- C'eut été dommage Mademoiselle avec une aussi belle chevelure que la vôtre que j'admire beaucoup depuis notre rencontre que cela vous arrivât. Quand je vous regarde, je vois une authentique Espagnole parlant un français admirable.

- Je vous remercie. Si je suis Française de naissance, mes arrière grand-parents étaient espagnols. Comme beaucoup d'autres, ils sont venus s'installer à Oran. Savez-vous que l'immigration espagnole fut à l'origine du développement de la ville et du port d'Oran ? Oran fut sans doute fondée par les Arabes, mais avant les Français, les Espagnols occupèrent et développèrent la région.

- C'est très intéressant d'apprendre de votre bouche ces quelques notions de l'histoire de votre ville. Si cela n'est pas indiscret, que fait votre père ?

- Mon père travaille à la Préfecture d'Oran.

- Et vous-même, charmante demoiselle ?

- Je continue mes études. Mais, en toute franchise, je n'ai pas encore pris une orientation définitive. Maintenant, je dois vous quitter car mes parents étant absents, je dîne ce soir chez une de mes tantes et je lui ai promis d'arriver chez elle avant dix-neuf heures. Mais, je vous trouve bien silencieux. Avez-vous quelque chose à me dire ? Allons, dites-le !

- Voilà. Ce n'est pas facile… Si vos parents sont absents, on pourrait peut-être se retrouver après le dîner pour aller ensemble… au cinéma ?

Cette fois la question est sérieusement posée.

Elle me regarda assez longuement et semblait réfléchir tandis qu'un doux sourire éclairait son visage.

- Cela vous ferait plaisir de me revoir ?

- Cela serait tout simplement formidable que nous puissions tout à l'heure nous retrouver. Il y a quelques instants, j'appréhendais votre départ. J'étais triste. Maintenant, je suis tout joyeux simplement à l'idée d'avoir une petite chance de vous retrouver.

Elle se leva et, se retournant, avec gentillesse et séduction, elle me dit :

- Entendu. À tout à l'heure. Attendez-moi à vingt et une heures devant le Gallia. Vous trouverez. Si toutefois vous étiez perdu, vous n'auriez qu'à demander votre chemin à une jeune Oranaise. Je me sauve. Au revoir. Mais, dites-moi... quel est votre prénom ?

- Louis, répondis-je, tout heureux de cette agréable soirée en perspective.

- Moi, c'est Lolita.

Elle disparut rapidement. Avant de traverser la rue très encombrée en cette fin d'après-midi, elle se retourna, me fit un dernier signe de la main et fut absorbée par la foule. Mon cœur battait la chamade. Je regardai encore dans sa direction, bouche bée, le temps de me remettre de cette dernière émotion. Je déambulais maintenant sans rien voir, sans rien entendre. Je ressentais une certaine ivresse intérieure. C'est vrai. Les femmes avaient sur ma sensibilité et mon émotivité une influence profonde.

Dès vingt heures trente, je faisais les quatre cents pas devant le cinéma. L'affiche avait un titre provocateur : « Nuit de noce mouvementée ! » Le savait-elle ? Où n'était-ce pour elle, que le lieu de notre rendez-vous ? À vingt et une heures précises, Lolita arriva toute souriante dans la lueur des néons. Elle était belle et, radieuse. Je sentais le sol se dérober sous mes pieds. Très ému de la revoir je restai un moment silencieux, comme privé de mes moyens. J'observai que son maquillage avait été refait, avec même un peu d'excès : sa bouche était bien dessinée. Un léger parfum indéfinissable augmenta mon trouble.

- Bonsoir Louis. Vous m'attendez depuis longtemps ? dit-elle, par politesse.

- Oui, je ne voulais vous manquer à aucun prix, répondis-je avec émotion.

Avec beaucoup d'aisance, elle se retourna vers la grande affiche située sous la corniche lumineuse du cinéma. Elle savait pertinemment que je portais sur elle un regard constant et admiratif et voulait mesurer l'effet produit. C'est vrai, je ne le cacherai pas, j'étais sous son charme !

- Savez-vous ce que l'on joue ? « Nuit de noce mouvementée ». Ce n'est pas un film pour moi. Je suis trop jeune pour un tel sujet. Qu'en pensez-vous Louis ?

- Je n'en pense rien. En vous attendant, j'ai regardé ce qu'en dit la critique. Il s'agit d'une comédie américaine pour tous les publics. Le titre est volontairement accrocheur. Il convient parfaitement pour attirer les foules. À mon avis, tout doit être prétexte à créer des situations drôles mais pas forcément osées.

- Cela vous tente-t-il, ou préférez-vous que l'on aille voir ce qui se donne ailleurs ?

- En toute franchise, cela me tente assez. Ce soir j'ai plutôt envie de rire que de voir un mélodrame ou un film de guerre.

- Allez, vous avez parfaitement raison, rentrons conclut-elle.

Côte à côte dans l'obscurité de la salle, nos visages se tournèrent l'un vers l'autre à maintes reprises; nous échangions alors un sourire. Nous étions bien ensemble. Ses yeux brillaient, habités par le reflet dansant des images du film. J'étais tellement heureux que soudain, sans vraiment y penser, ma main se posa sur la sienne. Elle ne bougea pas. Elle sourit sans me regarder.

Le film était correct, bien qu'il y ait eu parfois des sous-entendus ou des allusions à des situations scabreuses qui ne se produisaient pas. L'histoire était d'actualité : un jeune officier de l'aviation américaine se marie au cours d'une permission exceptionnelle. Après la cérémonie, le couple arrive enfin à l'hôtel, tout feu tout flamme pour y passer dans l'intimité une nuit merveilleuse. Arrivés dans leur chambre, en ouvrant la penderie la jeune mariée voit avec effroi tomber un cadavre qui se trouvait debout derrière la porte. Le corps d'un homme gisait maintenant sur le tapis. On alerte la direction, on court de tous côtés. Tout le monde revient : plus de cadavre, aucune trace de désordre. Le ton monte, puis tout s'arrange. On croit rêver, on s'excuse pour le tapage. Enfin seuls les jeunes mariés s'embrassent et se déshabillent entre deux étreintes. Pour se préparer, la jeune femme va dans la salle de bains, cris d'horreur, le cadavre est maintenant dans la baignoire. Toute la nuit sera fortement agitée. Le jour se lève. Dans l'hôtel, tout redevient calme. Mais le téléphone sonne. Le portier de la réception prévient l'aviateur de l'arrivée d'un télégramme : « Rejoindre urgence Base opérationnelle ». Tout ceci est traité avec beaucoup d'humour, ainsi que savent le faire les Américains lorsqu'il s'agit de comédies.

En sortant du cinéma Lolita et moi étions encore pris par la légèreté du film que nous venions de suivre et où il y avait de nombreuses séquences de longs baisers d'amoureux. Pour dissiper toutes ces images, nous marchâmes un long moment silencieusement. L'air frais était bon à respirer. Les artères de la ville avaient perdu leur animation. Cette balade nous fit du bien. En traversant un square qui sentait bon l'herbe mouillée par arrosage, Lolita s'arrêta un instant :

- Accepteriez-vous de venir prendre un rafraîchissement à la maison ? J'habite à deux pas d'ici.

- J'accepte bien volontiers...

Me coupant la parole pour me faire comprendre que je n'avais pas le choix, elle ajouta :

- Si vous devez rentrer cette nuit à La Sénia, sachez qu'il n'y a aucun moyen de transport pour vous y conduire.

- Ne vous en faites pas pour moi, une longue marche ne me fait plus peur.

Nous étions arrivés devant un bel immeuble de facture classique, façade en pierre, ferronnerie noire décorative.

- Nous habitons au second étage. Je vais vous demander de ne pas faire de bruit dans les escaliers, ils sont en pierre et donc très sonores. À cette heure tardive, je ne voudrais pas être remarquée par nos voisins.

Je reconnais que cette invitation à minuit dans l'appartement familial en l'absence de ses parents me gênait. La porte de l'appartement refermée avec soin, je me trouvai seul avec cette charmante jeune fille que je ne connaissais que depuis quelques heures. J'étais troublé ! Nous étions face à face, souriants et gênés à la fois. Je m'approchai d'elle et, la prenant par la taille, je tentai de l'embrasser. Mais posant deux doigts sur mes lèvres, elle pivota en me disant :

- Je vous prépare un jus d'orange avec quelques glaçons... d'accord? Asseyez-vous... Louis, prenez le divan, vous serez mieux.

Je jetai un coup d'œil sur cet appartement bien tenu, sans luxe apparent, mais confortable. Lolita déposa le plateau sur la petite table du salon et vint s'asseoir près de moi. Nous bûmes par petites gorgées ce frais breuvage. Nos yeux ne se quittaient pas.

- Je suis vraiment bien avec vous. Je me sens très à l'aise en votre compagnie. J'ai passé une très agréable soirée. Louis, vous ne dites rien?

Pour lui répondre, je ne trouvais pas les mots. Était-ce ma timidité naturelle? Ou l'émotion que j'éprouvais à ce moment-là ? Mais mon regard devait être plus éloquent que toutes les paroles. Comme l'audace est la force des timides, je lui pris la main en la regardant avec beaucoup de tendresse. Elle approcha son visage, je regardai ses lèvres, elles attendaient les miennes : alors, délicatement nous nous sommes embrassés ! Sa bouche avait comme un parfum de framboise, un goût délicieux. Ce premier baiser en appela d'autres. Ils devinrent de plus en plus passionnés. Je l'embrassai dans le cou, sous sa longue chevelure où je découvrais des odeurs délicates.

- Louis, je vous en prie arrêtez ! Vous allez me rendre folle. J'éprouve une sorte de vertige que je n'ai jamais connu. Vous ne devez pas abuser de moi, je suis encore une jeune fille...

- Lolita, comment vous dire ce que je ressens... Non seulement vous me plaisez infiniment, mais j'éprouve pour vous des sentiments qui ont jailli au moment de notre rencontre. C'est un mélange de tendresse et de désir... J'en suis très étonné moi-même. Vous savez, je crois que je vous aime !

Je l'embrassai avec fougue. Je sentis soudain en elle comme un abandon. Blottie contre moi, elle ne disait plus rien. Ma main effleura sa poitrine, les boutons de son chemisier lâchèrent les uns après les autres. Ma main hardie n'étant pas repoussée « dénicha » deux beaux petits seins bien fermes que je me mis à caresser avec volupté. Entre deux baisers j'entendis quelques soupirs contenus et quelques reproches à peine prononcés. Grisé par un ardent désir, je perdis soudain les notions les plus élémentaires du savoir-vivre. Prenant Lolita dans mes bras, je l'allongeai sur le divan et me mis à embrasser ses seins avec fièvre.

- Non ! Louis, je vous en prie, vous n'avez pas le droit. Arrêtez-vous !

Elle se leva, fit le tour du divan. En passant je lui pris le bras avec l'intention de l'entraîner vers la chambre toute proche. Elle résista et, au passage, fit basculer le lampadaire de bois tourné. Par mégarde, je mis le pied dessus. J'entendis un bruit sec. Je repris Lolita par la taille et je la couchai à nouveau sur le divan. La fièvre du désir s'empara de moi comme si j'étais atteint d'une folie subite sous l'empire d'un insoupçonnable besoin de possession ! En quelques gestes rapides, efficaces et pourtant inhabituels, je dégrafai sa jupe, je la faisais glisser le long de ses jambes. Un joli petit slip blanc bordé d'une fine dentelle se détacha alors harmonieusement sur la peau bronzée de son ventre. Je le roulai prestement sur ses cuisses. Sa toison intime m'apparut, noir duvet au reflet bleuté, superbe touffe bouclée. J'y posai mes lèvres brûlantes !

- Non ! Louis. Non, je t'en prie arrête ! Si tu m'aimes un peu arrête ! dit-elle en se fâchant. Je ne veux pas, tu comprends, je veux me réserver...

Elle éclata en sanglots. De grosses larmes inondèrent son beau visage. Son corps était secoué par des soubresauts causés par un grand chagrin à peine contenu. Ma fièvre tomba alors plus vite qu'elle n'était montée. Voyant son désarroi, je compris que j'avais outrepassé ce qui était permis de faire à une vraie jeune fille : j'avais abusé de la situation. J'avais peut-être tout gâché. Alors, très rapidement, je la revêtis et, la reprenant dans mes bras comme on prend un grand blessé, en essuyant son visage, je lui dis :

- Lolita, je te demande humblement pardon. Je me suis laissé emporter par un désir fou. Je ne veux plus que tu pleures. Oublie. Ta peine me fait mal, tu sais... je t'aime ! Pardonne-moi !

Elle leva les yeux vers moi, me regarda tendrement, ses yeux mouillés des dernières larmes, puis elle me sourit :

- Je n'ai pas à te pardonner... C'est aussi ma faute. Un instant je t'ai laissé espérer. En te faisant venir chez moi, je savais que je prenais un risque. Mais ce soir, je ne voulais pas te laisser partir, j'avais peur de ne plus te revoir.

Je la serrai contre moi; tendrement et longuement on s'embrassa. Il y avait dans ce baiser moins de passion, moins de désir mais beaucoup de tendresse.

- Tu sais, me dit-elle après un long silence, je dois te paraître « vieux jeu », mais je suis imprégnée par l'éducation que j'ai reçue de mes parents... Comme eux, j'ai toujours pensé que je devais rester intacte pour l'homme qui me prendra pour la vie. Toi, je ne suis pas certaine de te revoir. Tu vas partir pour la guerre et la guerre est loin d'être finie. Tu retourneras en France et très vite tu oublieras la jeune fille d'Oran qui, un soir de juillet 1943, est tombée soudainement amoureuse de toi !

Entre nous un silence s'installa. Elle s'empressa de le rompre :

- Mes parents rentrent demain. Tu sais, je leur dis tout. Donc, je leur dirai que j'ai fait la connaissance d'un jeune soldat venu de France et qui se dirige vers les opérations militaires en cours. Si tu le veux, tu pourrais venir demain soir à l'heure de l'apéritif. Ils te diront sans doute de rester pour le dîner, de cette façon on pourrait se revoir jusqu'à la fin de ta permission.

Je me levai, fis quelques pas vers la fenêtre et portai un regard perdu sur la ville endormie.

- Pourquoi es-tu si triste soudain, est-ce parce que je te parle de mes parents ?

- Pas du tout, bien au contraire, j'en suis très heureux, c'est une bonne idée. Mais je me suis promis d'aller à Alger pour voir mon frère. Nous étions ensemble en Espagne et il m'a beaucoup aidé. Il est donc de mon devoir de le rencontrer avant qu'il ne monte au front avec son unité de parachutistes. À dire vrai, j'ai peur de ne plus le revoir.

- Oui, tu dois y aller. Cela me parait être une très bonne intention et tu en fais un devoir... Cela fera encore moins de jours pour te voir avant ton grand départ... Tu vois, comme je suis déjà attachée à toi ! Veux-tu rester ici pour la nuit ? Tu pourrais prendre la chambre d'amis.

- Non Lolita. Tu sais, je ne crois pas que je puisse dormir ce soir, si près de toi, sans être avec toi. Il faudrait que tu fermes la porte de ta chambre à clé. Je n'ai pas envie que nous nous trouvions devant cette tentation. Oscar Wilde ne disait-il pas : « Je résiste à tout, sauf à la tentation ! » Par conséquent... De plus, quand tes parents apprendront qu'un militaire a passé la nuit chez eux pendant leur absence, ils pourront tout imaginer. Ils ne te feraient plus jamais confiance et auraient une fausse image de toi. Ça, je ne le veux pas. Non, je vais reprendre la route de La Sénia, une bonne marche ! Demain, je me reposerai et je descendrai à Oran en fin d'après-midi pour te revoir... si tu veux bien.

- Oui, Louis, je crois que tu as raison, cela est mieux pour nous deux. Seulement je vais être inquiète de te savoir seul sur cette route pendant au moins deux heures...

Une dernière fois nous nous sommes embrassés tendrement. Elle m'accompagna jusqu'à la sortie de l'immeuble. Deux petites larmes brillaient au coin de ses yeux :

- À demain à dix-huit heures devant le Gallia.

Du plus loin que j'ai pu, je lui fis signe de la main.

Progressivement, sur la longue route, la nuit sombre jeta sur mes épaules le voile pesant de la séparation et de la tristesse.

En déambulant dans les services de la Base Aérienne de La Sénia, j'appris que le Groupe de bombardement « Bretagne » pour lequel j'avais reçu une affectation était basé en Sardaigne. Il participait activement à la bataille d'Italie, bombardant des objectifs situés dans le Nord de ce pays : voies ferrées, routes, ponts, viaducs, voies par lesquelles arrivaient les hommes, le matériel et les munitions que les Allemands jetaient dans la bataille pour tenter d'enrayer la progression des Forces Alliées.

À la fin de ma permission, je devais prendre l'un de ces bombardiers : un « Marauder » qui assurait une liaison technique hebdomadaire entre l'Algérie et la Sardaigne.

Profitant du déplacement d'une ambulance militaire, je pus rejoindre vers dix-sept heures le centre d'Oran. Timide, j'appréhendais mes retrouvailles avec Lolita. Après une nuit de réflexion et le retour de ses parents, comment allait-elle réagir ? Viendrait-elle ?

Devant le cinéma je faisais les quatre cents pas, lorsque soudain :

- Coucou, beau militaire, vous êtes bien distrait ! Qu'attend-il ainsi sur le trottoir de ma bonne ville d'Oran ?

Lolita était arrivée dans mon dos et voulait me surprendre. Cela réussit pleinement. Je rougis et ne pus dire un mot tellement ma gorge était serrée. Elle était mignonne, très enjouée et heureuse de me revoir. Sa longue chevelure était rassemblée dans une tresse qu'elle avait ramenée sur son épaule droite. Elle portait un chapeau de paille à fleurs rouges et bleues. Elle s'aperçut de mon trouble, cela lui fit plaisir. Elle me prit alors par le bras et nous marchâmes un petit moment pour que j'aie le temps de me reprendre. Puis, avec une réelle émotion, elle se mit à parler :

- Je pensais tellement à vous que j'ai eu du mal à trouver le sommeil. Ce matin, j'étais angoissée. Sur le moment, j'ai eu l'impression que je n'allais plus vous revoir, que vous aviez abusé de ma nature candide, et que vous alliez disparaître pour chercher ailleurs - comme tout militaire qui se respecte - une autre aventure sentimentale. En réalité, je m'aperçois que vous êtes ému de me revoir, j'en suis bien contente…

- Vos parents sont-ils rentrés ? Leur avez-vous dit… ?

- Oh ! oui ! Ils étaient heureux de leur petit voyage, mais aussi heureux de revenir à Oran. Bien sûr, je leur ai parlé de vous, ils vous invitent ce soir pour prendre l'apéritif. Attendez-vous à ce que mon père vous pose de nombreuses questions sur votre odyssée.

- Lolita, vous l'avouerai-je? je suis très heureux de vous retrouver. C'est agréable d'être sous l'emprise de votre charme. Sous l'effet de votre séduction, je me sens très vulnérable. N'abusez pas car je me sens déjà très, très amoureux, j'ai envie de vous embrasser!

- Non! Non! Pas ici, voyons, pas en pleine rue!

Puis, me regardant avec beaucoup de malice et baissant le son de sa voix comme pour les grandes confidences : « Tout à l'heure, quand nous serons seuls. »

Nous étions bien tous les deux, heureux d'être ensemble. Je ne voyais rien d'autre que son profil et ses yeux quand elle tournait son regard vers moi avec un sourire sur les lèvres, témoignage d'une grande affection. Je ne voyais plus rien de la rue, de son animation, des gens, des vitrines de magasins que nous aurions pu regarder au cours de cette petite promenade au cœur d'Oran. Le ciel était bleu, je me sentais léger comme un oiseau.

- Lolita...

- Oui, Louis, qu'est-ce qu'il y a?

- Une idée noire me tracasse. Il faut que je vous en parle. J'ai l'impression que cela me soulagera.

- De quoi s'agit-il? Vous me faites peur, est-ce grave?

- Chez vous, hier soir, il me semble bien que j'ai cassé le lampadaire du séjour.

- Elle se mit à rire franchement, rejetant dans un beau mouvement juvénile sa tête vers l'arrière :

- C'est vrai, cette nuit, après votre départ, j'ai en effet constaté que le lampadaire était cassé en deux... Rassurez-vous j'ai mis cet incident sur mon compte. Ma mère était ravie car elle n'a jamais aimé cette « lanterne ». Sans attendre, elle m'a dit : « Je sais maintenant ce que je vais demander comme cadeau pour mon prochain anniversaire. »

On a bien ri. Nous allions la main dans la main nous regardant de temps à autre et nous souriant comme des grands enfants heureux. Ce soir-là, j'avais tout oublié. La vie était belle. Quand nous sommes arrivés au bas de son immeuble, j'avais l'impression de connaître Lolita depuis longtemps.

Nous montâmes à son appartement.

Le moment des présentations est toujours un peu gênant. On vous observe, on vous juge sur votre comportement, sur vos réponses, sur vos moindres gestes. Il y a comme un petit vent glacé dans l'air qui passe… et vous devez passer outre. Et puis, peu à peu, une chaude ambiance envahit le salon, les visages se détendent, on sourit même pour un rien. Alors, les questions fusent : la conversation s'engage, la partie semble être gagnée. L'apéritif, un vin doux de Mascara finit par délier toutes les langues, les visages prennent de la couleur. Lolita est aux anges. Un peu en retrait, elle me sourit constamment « tout va bien » semble-t-elle me dire en clignant ses jolis yeux et en me regardant à travers ses longs cils. Et dire que la nuit dernière à ce même endroit…

Comme prévu, ses parents me retiennent pour le dîner. La conversation porta sur mon proche avenir.

- Après votre permission actuelle, jeune homme, quelle sera votre affectation ?

- Je rejoindrai le Groupe de bombardement « Bretagne » basé en Sardaigne.

Lolita perdit son beau sourire, les traits de son visage se tirèrent. Un sombre nuage avait soudain assombri son doux regard :

- Je l'apprends maintenant, Louis. Depuis quand le saviez-vous ? dit-elle sur un ton de reproche.

- Je ne l'ai appris que cet après-midi, dans les services de la Base Aérienne. Pardonnez-moi si je ne vous l'ai pas dit. C'est vrai. J'étais tellement heureux de vous revoir. Et ce soir, je ne voulais pas vous attrister.

- Que ce soit là ou ailleurs, me dit son père, vous saviez en vous engageant que vous partiriez dans une unité combattante. Il me semble bien que c'est l'idée qui a motivé votre évasion. C'est la destinée...

- Vous devez aussi rejoindre votre frère près d'Alger, lança vivement Lolita, pour changer de sujet.

- Si vous allez à Alger, répliqua son père, je peux vous donner l'adresse de ma belle-sœur. Elle pourrait vous loger un jour ou deux.

- Je vous remercie vivement. Il y a des places dans les foyers de soldats, pour les permissionnaires, mais cela n'est jamais folichon.

Lolita avait perdu sa joie de vivre. Ses regards étaient plus furtifs et empreints de tristesse. La conversation « vacilla » comme la flamme d'une bougie en fin de course. Je pris congé de mes hôtes. Le père de Lolita me proposa de me reconduire à La Sénia. J'acceptai. Lolita nous accompagna. Son père m'invita à m'asseoir près de lui. Lolita se blottit sur la banquette arrière comme une petite malheureuse. Le trajet fut silencieux. Je passai discrètement la main entre la portière et le siège. Lolita me la prit et la serra. Nous roulâmes ainsi jusqu'à l'aérodrome. La voiture s'arrêta devant le portail du camp, juste devant les sentinelles en faction. Lolita et moi descendîmes du véhicule. Silencieusement, nous nous regardâmes un long moment. Nous prîmes rendez-vous pour le lendemain. Son père nous observait, les mains sur le volant attendant patiemment. J'embrassai Lolita sur les joues. Je crois bien y avoir senti une petite larme.

Difficile de m'endormir. Bien sûr, j'étais très heureux d'avoir fait la connaissance de cette jeune fille attachante. D'autant plus que j'éprouvais un grand besoin d'affection. Mais, que ce temps de guerre est cruel pour ceux qui s'attachent de cette façon lors de brèves rencontres ! Dans deux jours, je partirai pour Alger. J'y passerai deux ou trois jours pour tenter de retrouver Jacques. Ensuite, avant mon départ pour la Sardaigne, il ne me restera plus que deux jours pour voir Lolita.

Lorsqu'avant mon départ pour Alger je revis Lolita, je constatai qu'elle avait changé. Elle se montra plus grave, plus silencieuse. Ses yeux ne pétillaient plus de malice ou de séduction… Ils étaient habillés d'un voile de tristesse. Son cœur devait aimer pour la première fois et déjà il fallait parler de séparation, sans grand espoir de retour. Par moments, quand je la serrais très fort contre moi, elle levait lentement les yeux et je sentais beaucoup d'amertume. Parfois, il semblait que je pouvais y lire : « Je t'aime et tu t'en vas. »

Maintenant, le train m'emportait vers Alger. Je pensais déjà y rester le moins longtemps possible et dès mon retour, consacrer mon temps libre à Lolita. Pour établir mon camp de base, j'avais une adresse. Mais je devais avant tout retrouver celle de mon frère, n'ayant qu'une indication de secteur postal. Afin que je n'oublie pas son visage, Lolita m'avait donné une petite photo d'identité. Au moment de nos adieux, elle m'avait donné un long baiser passionné. J'en ai eu des frissons tellement elle s'était abandonnée dans cette étreinte, sans réserve aucune. Le vrai baiser d'un amour fou ! Au fond, aujourd'hui, je me sentais malheureux de partager le temps libre de ma permission entre mon frère et l'amour brûlant de cette jeune fille. Dans quelques jours, jusqu'à la fin des hostilités, je serai incorporé dans une unité combattante et il ne fallait plus compter revenir en Afrique du Nord avant d'être démobilisé, à condition d'avoir la vie sauve !

Et dire que c'était moi le responsable de cette situation. J'avais semé une graine d'amour dans le cœur vierge d'une ravissante jeune fille. Avais-je mal fait ?

Le train omnibus m'emmenait comme si je faisais une promenade touristique au travers des plaines fertiles du Sahel. Bercé par le « tempo » régulier des boggies et des rails je m'endormis.

Extrait du journal de mon père

« AGEN, JUILLET 1944.

« Encore une journée qui se termine et comme toujours sans nouvelles de vous. Où êtes-vous? Chaque matin votre mère guette le facteur et lorsqu'il dépose du courrier dans la boîte, alors elle descend quatre à quatre les marches du grand escalier du jardin, et puis, remonte lentement comme épuisée, car il n'y a toujours rien de vous ! Il faudra attendre demain... Agen est triste aujourd'hui, le temps est gris, tout s'y prête, on voit que c'est la guerre !

« Quant à moi, le temps me paraît un peu moins long, en faisant ces quelques lignes chaque soir, il me semble que vous êtes moins loin, puisque je bavarde un peu avec vous. Voici plus d'un an que vous nous avez quittés pour votre grand voyage, et nous pensons souvent à ce jour où nous vous avions vus pour la dernière fois, faisant un signe de la main, au bas du chemin, au pied du coteau de l'Ermitage.

« Que Notre-Dame de la Treille nous vienne en aide, et nous donne un peu de bonheur, en nous apportant de vos nouvelles. Priez pour mes garçons ! »

De la gare aux quartiers résidentiels, tout en grimpant sur les hauteurs d'Alger, je pris le temps nécessaire pour voir les différents aspects de la ville qui s'offraient à moi. Il faisait chaud ! Je parvins sans trop de difficultés à l'adresse que m'avait indiquée le père de Lolita. La belle-sœur du père de Lolita ayant été prévenue de mon arrivée, me reçut très gentiment. Je fis connaissance de sa belle-fille : jeune femme de vingt-huit ans qui habitait depuis quelque temps chez sa belle-mère, son mari étant marin dans la Marine Nationale sur un bâtiment qui évoluait quelque part en Méditerranée. Mon hôtesse, âgée d'une cinquantaine d'années, m'offrit spontanément pour quelques jours l'hospitalité, en me faisant toutefois remarquer qu'elle éprouvait encore des difficultés pour se ravitailler et en s'excusant à l'avance pour la modicité de certains repas.

Dès qu'il me sera possible de joindre mon frère je le ferai et je reprendrai immédiatement le chemin pour Oran pour y terminer ma permission avant mon envol pour l'Italie.

On me montra ma chambre qui se trouvait attenante à celle d'Annie au bout d'un dégagement de l'appartement qui n'était d'ailleurs pas très grand. La jeune femme me proposa de me guider dans Alger qu'elle connaissait fort bien pour y avoir fait ses études et y avoir exercé plusieurs emplois. Annie était blonde, très gaie, épanouie, même un peu forte. Une belle plante en somme, respirant la santé ! Après un thé à la menthe et une petite collation ; avec la joyeuse Annie, je partis à la conquête d'Alger ! À plusieurs reprises nous nous arrêtâmes à l'angle de rues formant terrasse, où nous dominions les toits et les jardins pouvant ainsi observer la cité blanche et sa magnifique baie. Annie se déclara heureuse de ma venue, même pour quelques jours seulement. Car vivre continuellement avec sa belle-mère, lui devenait de plus en plus insupportable. Celle-ci lui prodiguait sans cesse ses conseils, contrôlait ses moindres faits et gestes, lui faisait des observations désobligeantes sur ses quelques malheureuses initiatives.

Bref, ainsi que me le dit Annie avec humour, « vivre avec sa belle-mère dans un petit appartement, à mon âge, ce n'est pas de la tarte ! » Elle en riait tout de même. Et pour mieux descendre les escaliers très nombreux dans cette ville, me prit la main.

Je n'oubliais pas pour autant le beau visage de Lolita. Mais pour quelques heures, je me laissais complètement emporté par cette chaude main de femme. La main de ma nouvelle amie d'Alger.

Après plusieurs démarches dans différents bureaux militaires, dans un foyer YMCA j'appris que le deuxième Commando de France était en transit à Staouelli, pas très loin d'Alger. Je me renseignai sur les moyens de communication avec cette petite ville du bord de mer, et décidai d'y aller en bus dès le lendemain matin.

Staouelli, quel souvenir ! Tout y était joli. Le vert foncé des plantations contrastait avec la blancheur des murs, le tout enrobé de ciel bleu et noyé de chaleur. Dans mon cœur, j'avais l'espoir de rencontrer au détour d'un chemin Jacques mon petit frère, mon vieux compagnon de la route si longue et si douloureuse d'Espagne.

Je traversai l'artère principale de la ville et me renseignai auprès d'un agent de la police militaire. J'appris qu'un groupe de parachutistes campait sur la plage même, à deux kilomètres plus au Nord. C'est dans ce décor de sable doré, de mer bleue avec une plage de rêve, que je retrouvai mon frère.

- Jacques… quelqu'un te demande… cria un jeune soldat que j'avais interrogé.

Je vis alors sortir de la tente une frêle silhouette kaki, coiffée d'un béret rouge. Jacques fut saisi d'étonnement. Bien sûr, il s'attendait à me revoir un jour. Mais la surprise fut grande. Il en était tout ému. Comme de vieux frères, bien soudés pour avoir vécu ensemble une aussi longue épreuve, nous nous étreignîmes avec une profonde émotion.

La scène s'était déroulée sous le regard amusé des paras, copains de guitoune de Jacques. Ceux-ci ne perdirent pas le Nord :

- Allez… rentrez sous la tente… Il faut à tout prix arroser cela !

Le vin du pays est délicieux, bien monté en degrés, d'une belle couleur ambre c'est un véritable apéritif qui se boit comme de l'eau fraîche. Méfiez-vous, c'est un traître car il vous grise lentement. De plus, ce jour-là, sous la tente à double toit, il faisait affreusement chaud. Quand on est vraiment heureux, de simples choses vous paraissent merveilleuses. Ce mouton d'Algérie accompagné de haricots blancs était succulent, très bien accompagné d'un excellent vin rouge de Mascara… je revois cette image : chacun des convives plongeait son quart vide dans une petite lessiveuse placée au centre de la tente. Il n'y avait ni nappe blanche, encore moins de sommelier. Pourtant, j'étais « vachement bien » assis sur le sol, face à mon frère retrouvé.

Après de telles libations, et, étant donné la chaleur accablante, nous fîmes une bonne sieste, sur le sable, à l'ombre de la tente. Il faudrait ensuite parler sérieusement de notre avenir. Le deuxième Commando de France était en instance de départ pour le territoire français. Le secret le plus complet était gardé par les officiers supérieurs. Par bateau au départ d'Alger, ou par avion, tout dépendait de l'ultime décision de l'État-major des Forces Alliées en Méditerranée. De ce fait, Jacques n'obtint pour nos retrouvailles qu'une permission de douze heures maximum. Nous décidâmes de nous revoir dès le lendemain Alger.

Afin d'être à l'heure pour le dîner, pour le retour, je pris un taxi. Cela me gênait un peu : n'étant pas très riche, je ne pouvais mener grand train. Je n'étais plus avec mes amis de Casa qui me mettaient discrètement dans la poche quelques billets… Pour la forme, à chaque fois, je protestais.

Souriante et heureuse de me revoir, Annie m'ouvrit la porte. Il n'en fut pas de même en ce qui concerne sa belle-mère, toujours « coincée » en ma présence. Au cours du repas, je retraçais les grandes lignes de cette excellente journée passée à Staouelli.

- Vous m'avez dit que votre frère était dans les paras ? Il doit être anxieux, car en cas de débarquement en France, il serait exposé.

- Sur la plage de Staouelli, j'ai trouvé les paras très décontractés. Vous savez, quand on est jeune militaire, et que l'on sait que le lendemain tout peu basculer, on savoure alors le moment présent. On ne philosophe pas. On tue le temps. Ce qui est le plus difficile pour eux, c'est l'attente interminable de la décision, avec en plus, le sentiment d'être parfois inutile.

- Et pour vous, Louis quel sera votre sort après votre visite à Alger ?

- Je partirai en Sardaigne pour rejoindre un Groupe de bombardiers américains placé sous un commandement français.

- Dans votre famille, combien d'enfants êtes-vous ?

- Deux. Mon frère Jacques et moi.

- Est-ce que vos parents reçoivent de vos nouvelles ?

- Oui, par la Croix-Rouge. Vous me faites penser que demain, je dois avec Jacques leur envoyer un message d'Alger. Dans quelques mois, ils seront heureux d'apprendre que nous étions ensemble.

Un long silence s'installa entre nous. La belle-mère en profita pour dire ce qu'elle avait sur le cœur et qui tournait dans sa tête depuis un bon moment. Son ton devint cassant :

- Louis, ne vous offusquez pas si j'ai pris cet après-midi une décision vous concernant. Ma belle-fille étant jeune mariée, il ne me paraît pas très correct, mon fils étant absent, qu'un jeune aviateur comme vous passe la nuit dans la chambre voisine de la sienne et encore moins partager la même salle de bains ! Je vous fais confiance, vous paraissez bien éduqué. Mais pensez au *qu'en dira-t-on?* Bref, vous coucherez chez ma voisine de palier. Demain matin, elle vous offrira le petit déjeuner. Cela sera mieux pour tout le monde.

Annie baissa les jeux. Cet après-midi, elle avait dû avoir une conversation avec sa belle-mère. Avait-elle montré un trop grand intérêt pour ma personne? Toujours est-il que je n'avais pas le choix. Je m'inclinai donc avec politesse.

Le lendemain, je pris la décision de ne plus revenir chez ma logeuse. Le fait d'être tenu à l'écart pour la nuit ne me convenait pas. Il est vrai que la jeune femme n'aurait sans doute pas poussé un cri si j'étais rentré dans sa chambre « à l'heure du crime ». A qui la faute? La guerre fait naître des situations singulières et favorise les rencontres. Je sonnai chez la belle-mère. En la remerciant de sa bonne hospitalité, je pris congé d'elle. Annie était déçue, cela se lisait sur son visage. Elle avait perdu l'éclat de sa joie de vivre habituelle. Comme on le constate chez le contribuable après avoir pris connaissance de sa feuille d'imposition.

Face à sa belle-maman, Annie marqua un point. Elle prétexta des courses personnelles à faire dans le centre d'Alger pour descendre en ville avec moi. Sa belle-mère bredouilla quelques mots de réprobation. Mais, Annie décidée m'entraîna dans l'escalier avec beaucoup de détermination. En traversant le square, elle prit mon bras et me dit gentiment :

- Vous avez dû souffrir pour avoir pris aussi rapidement la décision de nous quitter. Vous allez conserver de votre séjour un bien mauvais souvenir!

- Pas du tout, croyez-le bien. Dans un sens, votre belle-mère a raison. Elle vous protège et elle protège son fils. Elle connaît la vie. En cette période troublée, une seule rencontre pourrait nuire définitivement à votre couple. Annie, je pars, je peux donc tout vous dire : vous êtes vraiment belle, vous respirez la santé, j'ai envie de vous prendre dans mes bras, de vous embrasser, de rire avec vous, de danser, de courir sur la plage comme un gosse. De vous émane une joie de vivre qui inonde votre entourage… Oui, c'est vrai, un soir j'aurais pu pousser la porte de votre chambre pour vivre quelques heures délicieuses auprès de vous.

- Dommage que votre départ se passe ainsi, fit-elle avec une petite mine attristée

Dans un petit coin discret d'un square, nous nous étions arrêtés. À nos pieds, quelques pigeons buvaient l'eau d'arrosage qui coulait par petits filets silencieux sur le gravier de l'allée. Annie me regarda étrangement. Puis, dans un élan de tendresse, me tendit ses lèvres. Du bout de mes lèvres, je l'embrassai. Elle ferma un instant les yeux, et puis brusquement, elle me quitta. Sans se retourner, elle se mit à courir faisant peur aux oiseaux qui s'envolèrent dans un grand bruit d'ailes. Annie venait de disparaître derrière les frondaisons du parc…

Ponctuel, Jacques m'attendait à la gare des bus. Au cœur d'Alger, nous avions quelques heures à passer ensemble. Notre première démarche fut de trouver le bureau de la Croix-Rouge Internationale pour envoyer un message à nos parents afin de les rassurer sur notre bonne santé et leur adresser nos affectueuses pensées. Ensuite, d'un pas léger, nous partîmes à la découverte d'Alger. Nous restâmes silencieux pendant un bon moment. Nous ne voulions pas dire de banalités. Le moment de la séparation était proche. Nous pensions sans doute qu'il était préférable de savourer l'instant présent, côte à côte. Demain, chacun de notre côté, nous nous dirigerons vers les zones de combat…

Je décidai alors de rester à Alger.

Demain matin, je prendrai le premier train pour Oran. Lors de mes pérégrinations dans Alger, j'avais découvert un Foyer du Soldat où, avec un titre de permission, on pouvait manger et passer la nuit à moindre frais. Dans ces locaux, je me sentis soudain vraiment seul. Dans la ville régnait une bien étrange atmosphère : celle du temps de guerre. Sur les trottoirs, un monde cosmopolite se côtoyait : des Américains appartenant à toutes les Armes, reconnaissables à leur démarche dégingandée, des soldats français reconnaissables dans leur uniforme en gros drap d'avant-guerre. Et puis, beaucoup d'Arabes, tout cela bien chauffé sous le feu ardent d'un soleil d'été, avec en toile de fond Alger-la-Blanche et comme accompagnement musical tantôt une musique arabe qui émane d'un café, tantôt un Slow made in USA qui s'échappe d'un camion.

Accoudé au bar du foyer, je bus mon premier Whisky : il faut un début à tout. Un peu plus loin, un groupe d'officiers entourait une jolie femme en costume militaire. C'était la première fois que je voyais un représentant du beau sexe en service dans l'Armée française. Je ne pus m'empêcher de prêter l'oreille à leur conversation. On s'amusait beaucoup, on plaisantait fort, on riait sans retenue. Cette ravissante brune recevait de ces hommes des compliments, mais surtout des propositions ! Cependant, je la sentais très à l'aise malgré l'impertinence de certaines allusions. Elle avait de l'aplomb et buvait sec ! Ah ! ces hommes, tous les mêmes, dès qu'il y a un jupon, ils sont là, espérant obtenir quelques faveurs…

Furtivement, elle jeta un coup d'œil de mon côté. Elle venait d'apercevoir ce jeune aviateur assis sur un tabouret qui dégustait seul un verre d'alcool. C'est à partir de ce moment que tout va prendre un tour tellement fantastique que je me demande encore si j'ai tellement vécu cette aventure ou si je l'ai rêvée… considérant le petit soldat que j'étais ! Comment savoir ! Quand la réalité devient troublante, merveilleuse comme un conte de fées, qu'elle vous transporte à votre insu comme sur un tapis volant dans un conte des *Mille et une nuits* : c'est le roman d'amour d'un jeune aviateur sentimental et romantique dans Alger la Mystérieuse un beau soir d'été. Soudain, cette jeune femme ravissante quitta le groupe, le verre à la main et vint vers moi.

- Vous permettez? dit-elle en s'installant élégamment sur le tabouret voisin. Bonsoir... je suis saturée de leur conversation. En vous voyant seul je me suis dit que c'était vous qui aviez le plus besoin de ma compagnie. Je m'appelle Irène de Bois Lambert, je travaille dans un Ministère.

- Bonsoir, je m'appelle Louis de La Sénia, je suis en partance pour une île lointaine.

Ma réponse tellement improvisée eut le don de la faire rire au point que le groupe de sous-officiers se retourna un instant.

- Vous avez beaucoup d'humour. Cela ne me déplaît pas. Santé !

Nos verres se heurtèrent doucement. Nous nous regardâmes dans les yeux. Nous restâmes silencieux, le temps pour nous, d'analyser sans doute les données reçues. Je l'ai trouvée « très femme ».

- Je vous trouve... mélancolique, ai-je tort?

- C'est vrai. C'est un peu mon tempérament car je n'ai pas toujours de raison grave pour l'être. Bien que ce soir, j'éprouve une certaine tristesse du fait d'avoir quitté cet après-midi mon frère Para, et aussi de me sentir loin des miens. Ce soir, je me sens un peu seul, je le reconnais.

- Habituellement, êtes-vous habité par la chance?

- Oui, tenez il y a quelques minutes j'étais vraiment seul. Et puis, vous êtes venue. Nous venons de faire connaissance, et je suis devenu un homme heureux, j'estime avoir de la chance.

- Vous êtes gentil et vous me plaisez...

Se levant :

- Et si on allait dîner en ville tous les deux, comme deux amoureux ?

Je devins rouge comme une tomate de Mostaganem. J'étais fort surpris de cette invitation pour un dîner en ville, lancée par cette séduisante jeune femme que je ne connaissais que depuis quelques instants. Je n'en revenais pas ! Je me mis alors à bredouiller :

- Je ne peux accepter votre invitation.

- Pourquoi diable! alors qu'une belle vous attend... lança-t-elle avec humour.

- Non, non, c'est moi qui devrais vous inviter, mais je n'ai plus d'argent, tout juste de quoi regagner La Sénia.

Mon attitude gauche et timide la fit rire de bon cœur. Par contre, elle était très à l'aise devant moi. Tout en dégustant son Whisky, pendant quelques secondes elle me regarda étrangement. Elle me fascinait. Elle avait en elle un étrange pouvoir de séduction. J'avoue avoir été profondément troublé au point que je savais désormais que j'allais lui obéir. Quand elle m'a dit en me prenant la main : « Allez, venez, je vous garde... », sans résistance je l'ai suivie.

L'air était encore bien chaud et parfumé. Les murs des immeubles renvoyaient la chaleur dans les rues et les ruelles. Parfois on sentait un peu de fraîcheur qui descendait du grand ciel de nuit. Nous nous dirigeâmes vers un parking où nous attendait un petit coupé sport. Je pris place à côté d'elle, et continuai à l'observer du coin de l'œil. Ayant aperçu mon regard, en souriant elle me dit :

- Avez-vous peur des femmes ?

- Oui, surtout quand elles sont jolies et séduisantes comme vous. Je me sens alors sans défense : un peu comme le papillon pris dans une toile d'araignée. Mais, je reconnais que j'aime cela. C'est très agréable, surtout quand on y ajoute du mystère comme ce soir, je vous l'avoue. J'éprouve en ce moment un vertige très agréable.

- Que pouvez-vous craindre avec moi ? Sauf si vous êtes encore vierge ? Cela se soigne très bien. Il y a des moyens très agréables pour guérir définitivement !

Elle se mit à rire joyeusement. Si bien que le petit coupé fit quelques sinusoïdes donnant plutôt l'impression d'être conduit par un chauffeur en état d'ivresse. L'auto s'arrêta au pied d'un grand immeuble dont l'architecture était contemporaine. La façade comportait de nombreuses loggias.

- Je fais vite un saut à l'appartement. Vous m'attendez ? Le temps de me changer. Ensuite, nous irons dans un petit restaurant que je connais bien. Aimez-vous le poisson ? Oui ? Vous êtes d'accord ? Je ne vous fais pas monter. Seule j'irai plus vite. À tout de suite. Elle revint sur ses pas et, se faisant très coquine, elle dit : « En mon absence, ne vous sauvez pas. N'ayez crainte, je n'ai pas de mauvaises intentions à votre égard ! »

En riant, elle partit. Que m'arrive-t-il ce soir ? C'est vrai, j'ai l'impression de vivre un rêve ! Suis-je encore au bar sur le tabouret à siroter mon premier verre ? Est-ce le Whisky qui me grise ainsi ?

Occupé à analyser la situation présente, je n'ai pas vu le temps passer. Soudain, en me retournant, je vis apparaître sortant de l'immeuble, Irène pleine de charme, de légèreté et de tendresse, dans une robe fleurie.

Quelques minutes lui avaient suffi pour transformer sa silhouette militaire en celle d'une jeune fille raffinée.

- Je vous plais ? dit-elle en s'asseyant près de moi.

Un parfum délicat de rose et de jasmin embauma l'habitacle du coupé.

- Vous êtes adorable, Irène, ravissante. Je devrais partir, maintenant. Près de vous, je me sens en réel danger...

Soudain, que se passe-t-il ?

Elle me sourit, me regarda, un peu tristement d'ailleurs. Son expression se figea. C'est comme si elle voulait chasser une ombre, une mauvaise pensée.

- Allons-y, ne soyons pas trop en retard dit-elle, ayant toutefois perdu son ton enjoué habituel.

Ma présence à ses côtés lui avait certainement rappelé le souvenir de quelqu'un d'autre. Je restai silencieux. Le petit coupé descendit les rues en direction du port.

L'ambiance du restaurant était très sympathique. Les petites salles étaient en réalité d'anciennes caves peintes à la chaux avec des voûtes. De petites ouvertures arrondies permettaient au service de communiquer entre les pièces. Des filets de pêche, des boules de verre, des lamparos étaient les éléments d'une décoration simple de ce restaurant sans prétention. L'éclairage était assuré par des falots de cuivre. Une bonne odeur de poisson grillé nous accueillait dès notre arrivée. Les tables, assez petites, étaient recouvertes d'une nappe à petits carreaux blancs et rouges. Le visage d'Irène n'était pas très loin du mien. Son regard me scrutait constamment. Avec délice je vivais cette fascination. L'image qui suit m'a alors traversé l'esprit : c'est l'impression que doit avoir le papillon lorsqu'il est pris dans une toile d'araignée. Il ne se débat plus pour se libérer, parce qu'il est soudain pétrifié par le regard du monstre. Au fond, il doit y avoir quelque chose d'enivrant à se faire manger quand vous voyez l'autre vous désirer à ce point !

- À quoi pensez-vous Louis ?

- Hum… à vous Irène. Mais d'une façon fort imagée. Je me représentais totalement sous l'emprise de votre charme.

- Le regrettez-vous ? dit-elle avec tendresse.

- Non, non, bien sûr, j'en suis ravi. Mais, je me demande toujours ce qui me vaut ce soir d'être votre invité privilégié. Je ne suis qu'un simple soldat vêtu de drap bleu, avec un large ceinturon de cuir.

- Vous me plaisez, Lou… C'est ça, je vous appellerai Lou. C'est mieux que Louis. Vous me plaisez parce que vous êtes un jeune homme romantique, c'est rare de nos jours.

Vous n'avez pas le regard des hommes que je côtoie tous les jours et qui commencent par vous déshabiller des yeux. C'est ce que je ressens. Pour une femme c'est désagréable. Ce qui les intéresse, c'est le corps féminin. Ils examinent votre poitrine, vos hanches et finissent par les jambes. Ils pensent tous à la même chose : vous mettre dans leur lit pour leur plaisir. Ils vous désirent comme une chose pour faire l'amour. En ce qui vous concerne, je pense que votre regard est plutôt côté « cœur », est-ce que je me trompe?

- Non; je ne crois pas. Bien qu'il soit toujours difficile de s'analyser. Je suis sentimental. Très sensible aussi, un peu trop parfois pour un homme. D'une façon générale, j'aime la femme. Dans mon thème astral, Vénus est, paraît-il, bien acceptée. Je suis donc hypersensible à la beauté sous toutes ses formes. Mais en particulier à la beauté féminine... Quand je suis amoureux, j'ai le cœur grand comme une maison. Je pense être capable de vivre un grand amour. Mais, en ce moment, j'ai peur de m'attacher...

- Moi, je ne veux plus m'attacher...

Irène devint sombre. Son visage avait soudain perdu tout éclat. Son regard se fit dur. J'ai eu alors le malheur de trop parler.

- Et vous, Irène, avez-vous déjà aimé passionnément?

La foudre tombant sur la table, ne m'aurait pas fait plus sursauter. Brusquement, elle se fâcha. Ses yeux lancèrent des éclairs :

- Je ne veux pas que vous m'interrogiez sur ma vie privée. Vous ne saurez rien. Je vous interdis de me poser des questions aussi stupides.

Sa violente colère m'apeurait. Elle s'en aperçut, elle se fit en un instant plus tendre :

- Pardonnez-moi Lou. Je vous en prie, oubliez ce que je viens de vous dire. Vous ne pouviez pas savoir... Votre visage est tout blanc...

- Je ne voulais pas… c'est vrai, j'ai été stupide…

Irène me sourit, prit ma main posée sur la table.

- Par ma brusque colère, votre cœur s'est senti blessé. Que vous êtes sensible ! Ne m'en veuillez pas, je vous en prie Lou. Je dois cependant vous préciser une chose importante. Si ce soir vous êtes ici avec moi, c'est sans doute parce que demain vous partez pour l'Italie et que nous n'aurons plus l'occasion de nous revoir. Je ne veux plus m'attacher à un homme. Si vous étiez basé à Alger, je ne vous aurais certes pas invité pour ce dîner. Entre un homme et une femme, lorsqu'ils se plaisent, l'amour fou peut naître entre eux. Il est parfois impossible de le concrétiser. Alors, ce sont les souffrances de la séparation. En somme, il y a plus de chagrin que de joie quand vous aimez vraiment.

Le repas composé de poisson fut léger mais délicieux, arrosé d'un petit vin blanc du pays : harmonie gastronomique de bon goût. En sortant, nous fîmes un petit tour pour respirer l'air frais venu du large.

Je lui pris le bras. Nous restâmes silencieux un bon moment. De temps à autre, je la regardais, lui souriant. Je serrais alors son poignet. Tout en regardant devant elle, je la voyais sourire à son tour. Nous étions bien ensemble.

Quand je pris place dans la voiture à côté d'Irène, j'ai eu la sensation agréable que la nuit serait merveilleuse et que ce conte des *Mille et une Nuits* allait se dérouler jusqu'à son aboutissement.

Après un long regard échangé dans un trouble profond de nos êtres, nos lèvres se joignirent, nos yeux se fermèrent. Ce fut un long baiser extraordinaire, indéfinissable, comme une noyade dans une onde légère, vous donnant un bien-être infini, jusqu'à l'extase ! J'ouvris les yeux.

- Irène…

- Lou…

Après ce moment d'émotion toute parole devenait inutile. Silencieusement, nous reprîmes la route de l'appartement. Le coupé s'arrêta au pied de l'immeuble.

- Vous montez Lou? Je vous offre un dernier verre?

Ma volonté était déjà en grande partie anesthésiée par ce baiser. Le désir avait pris possession de mon corps, et pourtant la timidité me paralysait. Ce fut un étrange combat intérieur. Je suivis Irène. Je ne pensais plus échapper au sort qui m'était réservé. Secrètement j'étais ravi. Quand dans l'ascenseur, je l'ai prise dans mes bras en la serrant fort, l'embrassant follement, je sentais bien que la fièvre du désir était en train de m'envahir totalement.

L'appartement était raffiné, décoré avec goût : sur les murs, tissu tendu de teinte or pâle, canapé et fauteuils de cuir blanc sur lesquels se trouvaient de multiples coussins fleuris. L'éclairage était assuré par des lampes potiches disposées sur des tables basses en laiton. Des tapis berbères étaient jetés sur le sol. Je restai « planté » sur le seuil du salon, admiratif!

- L'appartement vous plaît. Je le vois, asseyez-vous. Whisky ou jus de fruit?

- Jus de fruit, s'il vous plaît... C'est superbe chez vous Irène. C'est un coin de paradis.

Elle mit un disque sur l'électrophone, et quitta le salon. Je n'ai jamais su quel était le compositeur de cette mélodie américaine, mais son air me poursuit encore aujourd'hui. Il me rappelle l'étrange instant que j'ai vécu dans cet appartement de rêve, dans l'attente de l'amour. C'est le souvenir impérissable d'un insolite moment de bonheur. Irène revint en déshabillé de soie, portant un plateau avec les jus de fruits, et s'assit près de moi sur le divan. Elle était sublime! Un charme fou qu'un subtil parfum enveloppait. Quand elle me regarda en souriant, je fus pris d'un vertige. Je lisais dans ses yeux des élans de tendresse qu'elle m'adressait. En prenant mon verre, je me mis à trembler, elle s'en aperçut :

- Laissez-vous aller, Lou, ne soyez pas aussi émotif. Détendez-vous. Et puis, dans un ultime assaut de séduction… Embrassez-moi… Mais, vous alliez me dire quelque chose d'important. Je le sens !

- Irène…

- Oui, je t'écoute Lou.

- Irène… J'ai peur que vous soyez déçue en… amour… je suis sincère, je connais peu de chose, à côté de vous « femme » jusqu'au bout des ongles. J'ai peur d'être terriblement ridicule, gauche, maladroit. C'est vrai j'ai envie maintenant de partir en courant dans la nuit…

- Lou, que craignez-vous avec moi ? Je sais me montrer douce et aimante quand il faut. À moins que vous soyez encore… vierge ? C'est ça ?

- Presque ! répondis-je en balbutiant et en baissant la tête.

Elle se mit franchement à rire, rejetant sa chevelure en arrière, mettant en valeur toute sa beauté, toute sa personnalité de femme bien dans sa peau, elle devint à mes yeux encore plus désirable. J'abandonnai alors mes dernières pensées restrictives. Je me rapprochai de son visage, je sentis la chaleur de son corps parfumé, mon être était profondément troublé et comme une jeune vierge, je rougis.

Alors, sentant l'instant propice, Irène se pencha vers moi. Ses seins m'apparurent dans toute leur beauté et en toute liberté. Se laissant regarder un instant, elle me dit à l'oreille, avec une douce autorité

- Viens !

*

Je me laisse emporter par l'express qui me ramène à Oran. Je regarde le paysage sans le fixer. Les images de la nuit me reviennent et se superposent comme dans un fondu enchaîné :

- Ai-je vraiment vécu cette merveilleuse aventure? Ce matin, je suis bien calme. Fatigué, comme vidé de ma substance.

Je revois le visage d'Irène dans sa beauté d'amante quand elle vint sur moi pour « m'achever » : inoubliable visage de femme brûlante d'amour dont la bouche ardente me redonnait le feu du désir.

Au fur et à mesure que le train m'éloigne d'Alger, j'éprouve soudain du regret, du chagrin même. J'en ai les larmes aux yeux. Pourquoi s'aimer ainsi, aussi fort, être pendant quelques heures le couple le plus heureux, oubliant tout, connaissant le suprême bonheur, et quand le jour se lève, voir petit à petit tout disparaître, pour s'anéantir dans un ultime baiser. Je me laisse bercer par le roulement du train, le cœur plein d'amertume.

Soudain - mon émoi est grand - je viens de voir se dessiner dans les nuages le visage de Lolita. Que vais-je lui dire? Pas la vérité, bien sûr. Il ne me reste que deux jours de permission. Je ne peux pas lui faire de la peine. Voilà que je vais m'installer dans le mensonge. De toute façon, je serai très gentil avec cette charmante jeune fille. Pauvre Lolita ! Je crois bien que je l'aime.

À Alger, je n'ai pas cherché une autre aventure. Elle est venue à moi, et je ne l'ai pas refusée. J'ai cédé à la tentation. « Je résiste à tout, sauf à la tentation » disait Oscar Wilde. J'ai succombé devant le charme et la séduction de cette femme accomplie.

Il aurait fallu être courageux pour s'enfuir en courant dans la nuit... Hélas ! je suis loin d'être un saint et je n'offris guère de résistance au piège tendu par une femme amoureuse. Est-ce que Lolita est toujours dans les mêmes dispositions de cœur? La guerre terminée, la reverrai-je?

Le train s'approchait d'Oran. Je songeais de plus en plus à Lolita et de moins en moins à Irène. Suis-je un salaud? Ou bien les hommes sont-ils ainsi faits ? Un seul cœur avec plusieurs compartiments étanches !

Le train s'arrête en gare. Il y a foule. Le quai est grouillant d'Arabes avec par-ci, par-là, la silhouette d'un militaire en permission. Il fait très chaud. J'ai bien du mal à me frayer un passage. Je cherche la sortie. Des courants m'emportent, Dans la bousculade, je reçois des coups de valises.

- Louis…

- Lolita ! Que fais-tu ici ?

Elle est très émue. Sans mot dire, pour se dégager de la cohue des voyageurs, elle m'entraîne derrière un pan de mur. Elle m'attire contre elle, je la serre dans mes bras, elle me tend ses lèvres, deux petites larmes coulent de ses yeux fermés.

- Mon amour… lui dis-je. Ma petite Lolita chérie, je suis très heureux de te retrouver… Tu sais !

Lolita ne dit rien. Le cœur chamboulé, retenant même quelques sanglots tant elle est prise par l'émotion. En nous tenant l'un contre l'autre, nous sortons de la gare. Il n'y a plus personne au monde que nous deux. Elle me regarde et finit par me sourire. Mon cœur chavire. Adorable Lolita au cœur tendre ! À mon tour, je suis ému.

- Hier après-midi, je suis déjà venue à l'heure d'arrivée du train d'Alger. Je craignais que tu arrives la nuit dernière. À ce moment-là, je ne pouvais pas venir. Aujourd'hui, je me faisais une joie de t'attendre.

Nous traversâmes la place. À l'entrée de la grande avenue, soudain elle s'arrêta. Elle me fixa avec une extrême gravité et, éclatant en sanglots, elle me dit :

- Louis… je crois bien que je t'aime !

Je la pris dans mes bras. Nous restâmes un bon moment l'un contre l'autre, au milieu de la foule. Pour que son cœur puisse se remettre de tant d'émotion, je la câlinai. Et puis, à l'oreille je lui dis :

- Ma petite Lolita, je crois bien que je t'aime aussi.

L'un contre l'autre, nous marchâmes jusqu'au centre ville et d'instinct sans nous consulter, nous nous dirigeâmes vers la terrasse du café où quelques jours plutôt nous fîmes connaissance. Là, Lolita se fit plus causante : elle me posa maintes questions sur mon séjour à Alger.

- Comment as-tu trouvé ma tante?

Elle fut très surprise d'apprendre que je n'avais pas passé la nuit dans l'appartement, mais chez la voisine de palier.

- C'est certainement de ta faute, lança-t-elle jalouse, tu as été trop galant avec Annie. Au fond, je ne te connais pas, tu n'es peut-être qu'un séducteur ?

Je pris la main de Lolita, son visage s'était obscurci, un gros nuage venait de passer devant notre soleil, l'ombre se projetait sur nous. Tout devint pesant.

- Lolita, mon amour je t'en prie, il ne faut pas mal interpréter la prudence de ta tante. Elle n'a pas voulu qu'un jeune aviateur passe la nuit dans la chambre voisine d'Annie ou se retrouve accidentellement avec elle dans la salle de bains commune aux deux chambres. Cela, ne m'a pas plu. J'ai aussi le sens de l'honneur, surtout quand on m'offre si gentiment l'hospitalité.

- Tu me le jures Louis, tu n'es pas ce séducteur que j'entrevois soudain?

- Mais non, ma chérie, je te le jure!

- D'ailleurs, j'ai été tellement vexé que la dernière nuit je l'ai passée dans un foyer de soldats où j'ai très mal dormi.

- Je le vois à tes yeux, tu es très fatigué. Et ton frère, tu l'as vu? Parle-moi de lui. Alors, tu l'as rencontré?

Ce sujet de conversation facile était le bienvenu pour dissiper chez Lolita toute arrière-pensée. En ce qui concernait sa tante, je devais être franc. Car de toute façon, un jour ou l'autre, elle aurait eu des échos de ma visite.

- Papa m'a donné la permission de vingt-deux heures et aussi un peu d'argent pour que tu puisses retourner à La Sénia en taxi. Quant à moi, ce soir je t'offre le restaurant. Demain, je sécherai les cours de l'après-midi pour pouvoir rester avec toi jusqu'au soir. Si tu veux, nous irons danser. Il y a un bal organisé pour une œuvre charitable, je ne sais plus laquelle…

- Quel merveilleux programme, Lolita ! Mais tu sais, je ne sais pas encore bien danser.

- Aimes-tu le tango ?

- J'adore.

- Alors demain, je t'apprendrai le tango, comme on le danse quand on a du sang espagnol dans les veines.

Elle rit de bon cœur, le nuage s'était estompé, son visage était radieux… pas pour longtemps car il se voila de nouveau et devint même triste. Elle me regarda comme si elle éprouvait une douleur morale :

- Pour nous deux demain, c'est la fête. Mais après ton départ, le grand vide pour moi. Que restera-t-il dans quelque temps de nos délicieux moments passés ensemble ? Peut-être que de vagues souvenirs ?

Je prends son bras. Nous marchions au milieu de la foule sans la voir. De temps à autre, nous nous arrêtions en plein milieu du trottoir à la lueur des vitrines, nous nous regardions avec tendresse et nous nous embrassions amoureusement. Elle se mit à pleurer. Je la serrai contre moi, mes mains exploraient sa taille, comme elle est souple ! Son corps se plie sous ma pression.

Là-bas, il y a un square. Nous traversons la chaussée au risque de nous faire écraser. J'entends des coups de klaxon. Mais moi, je ne vois que le petit visage mouillé de Lolita, mon amour ! Là, un peu à l'écart du monde, je la prends délicieusement dans mes bras et je l'embrasse passionnément. En toute liberté, mes mains caressent son corps. Je la sens se pâmer. Elle pousse des petits cris étouffés, ses jambes plient sous elle, je la retiens : Lolita, je t'aime !

Ma permission est terminée. Je me présente au contrôle de la base aérienne de La Sénia. Le « Marauder » qui doit me transporter en Sardaigne est annoncé pour demain. Dans cette attente, je suis affecté à la garde de prisonniers italiens dans le port d'Oran. Plus question de descendre en ville pour se détendre. J'y retourne, certes, mais dans un camion et armé pour prendre la relève de la garde. Le bon temps est fini. Adieu les petits restaurants, les promenades bras dessus, bras dessous, la terrasse du café et le fameux bal avec la tendre Lolita. Je conserve de ces dernières heures un émouvant souvenir de cet amour de jeune fille prête à tout donner pour que je ne l'oublie pas. Cette idée de Lolita d'aller danser pour cette dernière soirée était en définitive excellente. Pour éviter de trop penser à notre imminente séparation, Lolita s'est improvisée professeur de danse. Elle se révéla relativement exigeante. Nous dansâmes pendant cette soirée, tous les tangos, paso-doble et rumbas.

Le tango est une danse sensuelle qui permet aux amoureux d'exprimer leurs tendres élans ou leur fougueuse passion. Lolita danse divinement bien. Je fais par conséquent de rapides progrès. Quand je me montrais par trop entreprenant, en la serrant un peu trop fort ou en l'embrassant dans le cou, mon adorable professeur me faisait les gros yeux. Et, sur un ton autoritaire, me disait : « Chut » au creux de mon oreille.

Le camion militaire vient de me déposer dans le périmètre du port d'Oran. C'est un camp de prisonniers vite monté avec des poteaux et des barbelés autour de quelques baraques en bois d'un modèle préfabriqué. Ce sont des prisonniers italiens, de braves garçons pas méchants du tout, qui ont plutôt envie de se faire la belle pour aller boire un coup en ville et voir les filles de plus près. L'ordre est donné de tirer à vue après les sommations d'usage. Une évasion dans un tel camp provisoire n'est pas très difficile à entrevoir. Un scénario est vite bâti : les Italiens, beaux parleurs se regroupent près de la clôture, et vous interpellent. L'un d'eux coupe le grillage pendant que les autres font diversion. Les officiers français responsables de ce camp de transit sont intransigeants avec les sentinelles de fortune que nous sommes. « Pour éviter ensuite d'être débordés, tirez dès la première tentative. »

À tour de rôle de deux heures en deux heures, je monte la garde sur l'un des côtés du camp. Se retrouver ainsi quelques heures après mes adieux avec Lolita, est tout simplement déroutant et n'est pas fait pour regonfler mon moral.

Lentement le jour se meurt et la nuit jette son voile sur les installations portuaires. Les projecteurs de fortune sont allumés. Hier, à la même heure, j'étais dans les bras d'une adorable jeune fille humant avec délice son doux parfum naturel. Ce soir, je suis un simple soldat de garde, le fusil chargé, prêt à tirer, à tuer même. Un Italien sort d'une baraque et s'approche de la clôture.

- Halte là ! Pas un pas de plus ou je tire !

Je deviens belliqueux. Il continue à marcher et arrive au grillage. Je répète ma sommation. J'arme. Dans la nuit, le bruit de la culasse fait sursauter le prisonnier. Il est à quelques mètres du canon de mon fusil. Je réalise soudain que cet homme est à moitié endormi et qu'il ne m'a pas entendu. Alors, étonné, tout en me regardant, il s'est mis à pisser sur un poteau. Puis, dans son pantalon, ayant tout remis en place, il me lança :

- Bonne nuit ! avec un fort accent italien.

Et dire que j'étais prêt à tirer sur ce pauvre bougre pour respecter la consigne ! C'est vrai, pour moi la guerre ne faisait que commencer !

Il faut toute la longueur de la piste bétonnée de La Sénia pour faire décoller dans le vrombissement de ses deux puissants moteurs ce fameux bombardier américain « Marauder ». C'est mon baptême de l'air. Avant le décollage, je regardais cet avion impressionnant, à la ligne étonnamment moderne. J'éprouvais même une certaine angoisse à l'idée de voler pour la première fois dans un bombardier de cette classe. Pour tout dire, j'avais le trac.

Je le trouvais beau ce « Marauder ». Tout brillant d'alu poli, son gros fuselage, ses deux énormes moteurs à grandes hélices quadripales en acier avec, par contre, des ailes relativement courtes.

Progressivement le bombardier prend de l'altitude. Mon regard plonge par le sabord arrière droit. Au loin je distingue la ville d'Oran : petite comme une maquette qui disparaît déjà noyée dans la brume de mer. Mon cœur se serre à la pensée de cette jeune Oranaise que je laisse dans cette ville. Je suis ému par les souvenirs sentimentaux qui montent en moi !

- Au revoir, Lolita. Toi qui as eu tant de mal à me quitter l'autre nuit. Au revoir mon amour. Toi qui, dans ton dernier baiser m'as donné la preuve de ton attachement profond et sincère.

Seigneur ! Que se passe-t-il ? Quelle peur ! J'ai le ventre qui remonte dans la poitrine. Je n'ai plus de jambes ! En traversant sur une petite passerelle de la soute à bombes, je rejoins la cabine du radio. Je place mon jack dans l'interphone et j'interroge le navigateur.

- Que s'est-il passé ?

Le gars me sourit :

- C'est la première fois que tu voles ?

- Oui !

- Alors, c'est très simple. Nous avons été victimes d'un trou d'air que l'on rencontre presque toujours entre la terre très chaude - courant ascendant - et la mer qui absorbe la chaleur - courant descendant. Nous avons perdu brutalement plusieurs dizaines de mètres. Tu en verras bien d'autres !

Dans l'interphone, indispensable moyen de communication dans ce bombardier extrêmement bruyant, le pilote m'interpelle et me passe un savon :

- Ne vous baladez pas ainsi. Mettez-vous dans un endroit qui vous convient, et restez-y ! Sans ça, je suis sans cesse dans l'obligation de corriger au « fletner ». Merci !

Le « fletner », m'expliqua le radio, est un appareil placé au-dessus du pilote actionné par une manivelle qui permet de maintenir en vol la stabilité de l'appareil. Je regagne mon sabord arrière. Allongé sur le sol du bombardier, je regarde défiler la côte algérienne que nous suivions depuis Oran après avoir effectué un large virage en mer. Des plages, encore des plages, peut-être Staouelli ? Ou est-il mon frangin en ce jour de grand départ ? Et voici « Alger-la-Blanche » drapée d'une écharpe de brume enveloppant aussi très discrètement les souvenirs de mes amours d'été !

Dans le bruit assourdissant et continu des moteurs, il est difficile de ressentir quelque chose de profond tout imprégné du présent que j'étais. Des vibrations même de cette coque métallique qui vous emporte vers votre destin... Vu du ciel, tout devient apparemment insignifiant. Décidément, nous ne sommes pas grand-chose sur cette terre. La mer borde la côte d'une petite frise blanche. En dessous, à la verticale, dans la toile bleue des flots, aux brillants reflets du soleil, une petite tache infime, un bateau de pêche...

Par l'interphone, le pilote annonce à l'équipage :

- Nous survolons le cap de Fer. Quittons l'Algérie, mettons cap sur la Sardaigne. Terminé.

Ce virage à 120° est impressionnant. J'ai le sentiment que le bombardier va glisser sur l'aile, car nous n'avons pas la notion de la vitesse de l'avion, mais de son équilibre. Ce virage est tout un symbole : je quitte l'Afrique, je remonte vers la France. J'ai aussi le sentiment de terminer un chapitre. La période de préparation à la guerre est maintenant toute proche. Je n'ai aucune appréhension. Si je tourne trop vite la page suivante, je constate qu'elle est blanche. Il faut savoir attendre demain. Aujourd'hui, je vis !

SARDAIGNE, LE THÉÂTRE DES OPÉRATIONS.

Le Groupe « Bretagne » 11/20 est placé sous le contrôle du 42e Wing américain installé en Sardaigne, dans la plaine de Villacidro à 20 km au Nord-Nord-Ouest de Cagliari. Ici, rien n'est laissé au hasard. C'est le fruit d'une organisation américaine efficace et rationnelle. Deux immenses pistes principales ont été créées, dans cette ancienne région de marécages asséchés : l'une pour le 42e Wing américain, l'autre pour la 31e Escadre de Bombardement français qui se composait des Groupes Bretagne, Maroc, Franche-Comté, Gascogne, tous équipés de « Marauders ».

C'est le royaume de la poussière. Ces pistes très larges et très longues ont reçu des centaines de tonnes d'huile de vidange et un compactage pour stabiliser la terre de surface. Mais, très vite, le décollage des bombardiers va provoquer de monstrueux nuages de poussière. Pour les pilotes, le décollage va devenir un véritable cauchemar.

Notre cantonnement est composé des célèbres tentes américaines de forme carrée, avec un mât central, pour six personnes. Le confort est relatif. Par contre, je découvre la cantine « self-service » où les aides-cuisiniers avec beaucoup d'adresse nous servent au passage du chili-con-carne sur deux rondelles d'ananas avec sirop ou du corned-beef, meat and beans dans nos gamelles d'alu, composées de deux compartiments. Comme boissons : lait, café, jus de citron. Surtout pas de boisson du pays.

En ce mois d'août 1944, nous vivons dans un bruit assourdissant causé par le décollage et l'atterrissage des bombardiers qui doivent accomplir missions sur missions. Les « Marauders » B 26 de la 31e Escadre participent à la campagne d'Italie, préparant aussi le prochain débarquement en Provence. C'est l'exaltant combat pour la libération de la France aux côtés des Forces américaines.

Cependant, ma déception est grande. Les radios mitrailleurs étant en surnombre, je ne pourrai pas voler aussi vite que je l'aurais cru. En attendant, je suis affecté à la maintenance des installations radios de bord. Je ferai partie d'un équipage, pour les périodes d'entraînement au bombardement sur cible.

Un groupe de Bombardement se compose en principe de dix-huit appareils articulés en trois flights de six bombardiers. En tout, pour la 31e Escadre de Bombardement français, soixante-douze avions et mille six cents hommes.

Encadré par de sympathiques camarades compétents et motivés, à chaque instant j'apprends quelque chose.

Dans le Groupe « Bretagne » il y a vraiment une ambiance extraordinaire. C'est un Groupe « à part ». Cela doit être dû à l'héritage du courage et de l'héroïsme des anciens. Cette Unité a été créée à Fort-Lamy, au Tchad le 1er janvier 1942. Le Groupe « Bretagne » obtint un premier succès en bombardant le Fort italien de Koufra. Il opéra ensuite en appuyant la colonne Leclerc. Il participa à la campagne d'Afrique à Ben Gardane dans le sud tunisien, à la frontière libyenne : Koufra, Fezzan. C'est à Telergma, près de Constantine en Algérie, que le Groupe fut doté de « Marauders » et que les pilotes entreprirent un stage de formation au Bomber Training Command de l'US Air Force avec des instructeurs américains. Le Groupe arrive enfin le 15 mai 1944 en Sardaigne.

Sur la piste de Villacidro et dans les cantonnements voisins, c'est le dépaysement total. Comme dans les meilleurs films américains, une atmosphère de guerre en cinémascope y règne. Dès le petit jour, « briefing » des pilotes, transport des équipages en GMC... Ici, mise en place des bombes par les « bombistes » affairés sous le fuselage. Là, des mécaniciens aux mains sales préparent avec soin un puissant moteur. Partout, des « dodges command », des porte-bombes, des camions-citernes, des jeeps se croisent comme dans un gigantesque ballet, soulevant des nuages d'une inévitable poussière de terre desséchée. La température extérieure avoisine les 35 degrés.

De chaque côté de la piste, les bombardiers sont alignés. Le starter au drapeau rouge donne le départ : alternativement droite gauche, gauche droite, et ceci toutes les vingt secondes. Alors, les deux moteurs Pratt et Whitney de 2000 chevaux chacun soulèvent la poussière, donnent toute leur puissance pour arracher du sol les appareils lourdement chargés : tous ayant fait le plein de carburant, de bombes et de munitions. Lors du décollage, les pilotes ont beaucoup de mérite pour garder le cap au moment où ils traversent l'immense nuée de poussière qui stagne sur la piste d'envol, et qu'ils doivent en plus tenir compte du souffle néfaste des bombardiers précédents, qu'ils devinent plutôt qu'ils ne voient...

Le « Marauder » est affecté aux bombardements dits de « précision » sur des objectifs ponctuels, tels que ponts routiers ou ferroviaires, chantiers navals, installations portuaires, dépôts de munitions ou réservoirs d'essence. Maintenant, je fais vraiment connaissance avec cet appareil d'un type nouveau : je passe tous mes moments libres à étudier les circuits électriques, les appareils radios, les antennes, l'interphone, les dispositifs de sécurité et de protection de ce monstre moderne.

Je trouve à peine le temps d'écrire à ma marraine de Casa, ainsi qu'à l'architecte pour leur envoyer mon nouveau secteur postal. Je n'oublie pas cependant d'envoyer régulièrement un petit mot doux à la charmante Lolita, à laquelle je ne cesse de penser et dont je rêve parfois.

Dans la guitoune, les copains sont jeunes, sympathiques et très décontractés. Ce ne sont pas des sentimentaux comme moi. J'évite d'ailleurs de leur parler de mon problème de cœur. Je dirais même que parfois le sujet de leur conversation vole plutôt bas. Toujours les mêmes plaisanteries de soldats privés de présence féminine. Je pense que cela provoque inévitablement de l'obsession, des phantasmes chez ces hommes jeunes et en pleine forme. Nos rires sont francs. Ils éclatent après les bonnes histoires grivoises qui sont racontées : histoires vécues ou pas !

Chacun doit raconter la situation la plus cocasse dans laquelle il s'est trouvé pour tenter de faire l'amour avec la partenaire du moment. Des rires en cascades ponctuent la fin des meilleures anecdotes. Ici, il est préférable d'inventer n'importe quoi plutôt que de paraître vierge et naïf.

René, mitrailleur de queue, garçon timide et généreux, nous conte une histoire simple qui lui est arrivée en Afrique Occidentale Française. C'est le récit le plus banal qui soit, mais cependant authentique. Ordonnance d'un officier à cette époque déjà lointaine, il reçut l'ordre d'aller faire quelques petits travaux d'entretien dans l'appartement occupé par l'officier et Madame. L'officier partit en randonnée pour plusieurs jours. Par un chaud après-midi de juin, René se trouva ainsi en tête à tête avec la ravissante épouse très légèrement vêtue. Timide, mais courageux malgré tout, René commença dans la salle de bains par de minutieux travaux de robinetterie. Par un pur hasard, Madame y vint pour quelques retouches de maquillage et s'aspergea de parfum. Malgré la climatisation, René transpirait. Près de lui, la présence de cette femme superbe dont le déshabillé transparent laissait apparaître toute la beauté du corps et même l'ébauche de quelques charmes secrets. Tout cela le mettait dans un grand émoi, lui, le célibataire endurci - qui avouait avoir peur des femmes. - À ce moment précis, il sentit poindre l'ardente détermination de cette jeune personne à la recherche d'une aventure amoureuse pour tromper la monotonie des jours de brousse. Elle rompit le silence : « Comme vous transpirez... c'est ma faute, je vous fais travailler par cette chaleur... Voulez-vous prendre une douche ? Allez, j'enlève votre chemise. Voyons, laissez-vous aller, tout ira bien. Laissez-moi faire... que vous êtes timide ! Est-ce possible ? »

Je me suis retrouvé en slip, tout contre elle, avoua René. Ensuite, elle me prit dans ses bras et m'embrassa sur la bouche d'une façon qui ne me laissait plus aucun doute sur ses intentions. Je fus pris de vertiges. Je sentais son corps brûlant contre le mien. Sa poitrine palpitait, je respirais son parfum, j'étais grisé, des sensations inconnues s'emparèrent alors de tout mon être ! Dans un sursaut, brusquement je quittai la salle de bains et courus vers la porte d'entrée de l'appartement. Celle-ci était fermée à clef et la clef avait été retirée de la serrure. Je me retournai. La belle créature était là au milieu du salon entièrement nue. En souriant elle me dit : « Vous ne m'échapperez pas, vous êtes mon prisonnier. Vous serez mon esclave d'amour, rendez-vous... Vous êtes tout à moi ! » J'avoue que je n'avais jamais vu une femme entièrement nue. La toison intime finement bouclée de cette jolie blonde accrocha mon regard : mes « fusibles sautèrent ». Je courus vers la fenêtre du séjour, l'ouvris et me jetai dans le vide. La chute fut brutale et douloureuse. Après le choc terrible sur un sol dur, je pris enfin conscience que l'appartement était situé au premier étage d'un immeuble. Je voulus me redresser, nous confia René, ma jambe gauche refusait tout mouvement. Je me suis mis à hurler de douleur, ma jambe était cassée ! La femme de l'officier arriva en courant. Elle essaya de m'enfiler le pantalon et mit ma chemise sur mes épaules. Elle se fâcha « vous êtes un sot, je n'ai jamais vu un homme aussi ridicule. Vous êtes bien avancé maintenant... Vous direz que vous êtes tombé en lavant les vitres de la salle de séjour... Je préviens les autoritaires militaires. Je ne veux plus jamais vous revoir. »

Cette histoire qui voulait être drôle, ne faisait pourtant pas rire les copains réunis sous la guitoune. Cependant, on lui posa mille questions sur les suites de cet accident.

« Je fus admis à l'Hôpital militaire et tout rentra dans l'ordre. »

L'officier, le mari, est venu s'excuser d'avoir une femme aussi exigeante.

« De plus, ajouta-t-il, vous n'aviez pas à nettoyer les vitres, ce n'est pas votre rôle. Si je peux me permettre de vous donner un conseil mon jeune ami, vous dites toujours « Oui » à Madame. Mais avant de passer à l'acte, vous m'en parlez d'abord, je vous dirai alors si vous pouvez le faire ou non. »

Alain s'écria : « C'est une blessure de guerre. Tu pourras donc postuler pour la médaille des évadés ! »

Cette mésaventure ne serait pas arrivée à Alain car il était très porté « sur la question » ! Il ne parlait que de ça. Certains soirs, il lui arrivait de parler à son sexe.

Soulevant le drap, il lui disait : « Ne t'énerve pas, surtout ne fais pas la forte tête tu te fatigues inutilement. Ton tour viendra. Patience, tu ne perds rien pour attendre. Ici, les filles sont malades. Après les réjouissances, je n'ai pas envie de te voir pleurer quarante-huit heures.

Robert, dans l'une de ses sordides histoires, nous avait conté qu'il avait réussi, après de nombreuses tentatives infructueuses, à prendre la virginité d'une jeune Berbère qui gardait ses moutons sur les pistes. La petite cérémonie s'était déroulée sans protocole particulier dans la carlingue d'un avion qui s'était crashé, et qui se trouvait aux abords de notre aérodrome. La petite bergère n'en était sans doute pas à son premier tour de piste… quatre jours plus tard, Robert se présenta à l'infirmerie pour une très classique blennorragie. Il « écopa » de huit jours de prison en plus des soins intensifs prodigués par les Services de Santé.

Les ordres donnés par les autorités américaines étaient très stricts dans ce domaine. Il était formellement interdit d'avoir des rapports avec les Sardes. Le plus surprenant, c'est que chaque semaine, les préservatifs étaient distribués « en quantité suffisante » avec les cigarettes, les allumettes, le dentifrice, les différentes poudres pour lutter contre les morpions, les poux et autres vermines. Il existait une cabine à l'entrée du camp, où tous les conseils se rapportant à la prophylaxie étaient prodigués gracieusement. Par contre, toutes les maladies vénériennes valaient à celui qui était touché, une peine d'emprisonnement, convertible d'ailleurs en corvées majeures. Enfin, pour illustrer l'atmosphère qui régnait en Sardaigne à cette époque, il me revient à l'esprit une anecdote assez significative…

Un jour, le vaguemestre du Groupe, un copain, m'emmena en jeep à la ville voisine dans le but de récupérer le courrier pour les militaires du Groupe « Bretagne ». Ce gars était un vantard de première classe. Beau parleur, il avait de l'audace et du charme. Obsédé par ses conquêtes féminines, au mess il ne parlait que de ses exploits ! Je le prenais pour un hâbleur. Lors de mon premier déplacement avec lui, je dus changer d'avis. Sur la route du retour, il fit un crochet, quitta la petite route pour emprunter un étroit chemin poussiéreux qui nous conduisit tout droit vers une ferme isolée. Pauvres bâtiments « tarabiscotés » autour d'une cour centrale. La jeep s'arrêta devant la porte de la cuisine. Mon ami « facteur » sauta du véhicule tout en s'emparant d'une lourde musette et me dit : « Viens, on va baiser ! » je fus surpris et me fis tirer l'oreille. Sur le moment, je ne comprenais pas.

- Allons viens... Avec quelques boîtes de conserve américaines, tu pourras baiser, au choix, la mère ou les deux filles !

En traînant les pieds, je le suivis. Nous pénétrâmes dans la cuisine. La fermière, une petite femme brune aux longs cheveux préparait le repas du midi. L'atmosphère générale était à la simplicité, frisant même la pauvreté. Les meubles en bois étaient patinés par la vie quotidienne et ce, depuis fort longtemps. Le sol composé de carreaux de terre cuite plus ou moins brisée, était fatigué par le poids des humains. Mon « copain » déposa la musette sur la table. La fermière se précipita, l'ouvrit, en fit rapidement l'inventaire, mit les boîtes de conserve bien en évidence et sourit.

Alors, le vaguemestre s'adressa en italien à la femme. Celle-ci fit un léger signe de tête, comme pour approuver, se dirigea vers la porte de la cour et appela :

- Gina ! Gina !

Quelques instants s'écoulèrent. Une jeune fille brune à la robe noire et moulante se présenta sur le seuil à contre-jour. Difficile de dire son âge, pas plus de dix-huit ans à mon avis. La mère, dans un italien volubile, lui donna sans doute l'ordre nécessaire pour l'accomplissement de l'échange. Je dirais pour « le paiement en nature » de ces provisions inespérées. Gina passa devant moi et me sourit un peu tristement. Mon compagnon lui prit la taille et l'entraîna dans un petit couloir. La porte de la chambre se referma. J'entendis une série de petits cris étouffés, comme le feraient de grands enfants chahutant le soir au lieu de repasser leurs leçons. Puis, plus rien. Je me retrouvai donc en tête à tête avec la mère : une vraie Sarde, tout de noir vêtue et pas très propre. Elle me parla en italien, mais bien trop vite, je ne compris absolument rien, ou peut-être ne voulais-je pas comprendre, car il me semble bien qu'elle me désignait discrètement du doigt la porte de sa chambre. Elle me souriait, me lançant un regard plein de séduction, puis se mit à remuer les hanches. J'avais un mal fou à supporter cette ambiance. Je fis demi-tour et m'apprêtai à quitter la pièce lorsqu'elle me dit comme pour me freiner dans mon élan :

- Vino... Vino rosso?

Après une courte hésitation, j'acceptai de prendre un verre de vin en sa compagnie. Décemment, je ne pouvais pas tout refuser. Cela me donnait une contenance et j'en avais besoin. Je voulais surtout essayer d'oublier que mon ami le facteur s'en donnait à cœur joie dans la chambre voisine avec la petite Gina que je venais justement d'entendre crier. Quel scandale!

Dans la cour, sous un ardent soleil, je faisais les quatre cents pas. Cette attente était interminable. Que faisait-il encore avec cette charmante jeune fille. Serais-je jaloux? Non. Le procédé me révoltait. La musette vide sur l'épaule, le vaguemestre apparut sur le seuil de la porte. Goguenard, il s'écria à mon intention :

- Alors, moussaillon, tu n'en as pas profité? De temps en temps, cela fait du bien à l'organisme, il faut que tout fonctionne... Si la mère ne te plaisait pas, tu aurais dû demander la petite Rosita! Presque neuve, mais quelles cuisses et quel cul!

Puis, se rapprochant de moi et voyant ma mine déconfite :

- Tu es réellement fâché? Mais tu n'as encore rien vu de la vie, mon petit. Je leur apporte de la viande en boîte, elles n'ont rien à manger en ce moment, le père est prisonnier et cette année la sécheresse est venue à bout des récoltes. Ces femmes sont vraiment seules et, en plus, elles aiment ça... Elles en redemandent...

En sautant dans la jeep, il se mit à rire. Un long rire sardonique… c'est le cas de le dire !

- Allons, viens puceau !

Le véhicule quitta rapidement la cour de la ferme dans un nuage de poussière. Mon silence condamnait son geste. Je ne pouvais admettre que ce Français abusât de la misère de pauvres gens qui étaient dans une détresse matérielle que la guerre venait encore aggraver. Nous retournâmes à la Base dans le silence le plus complet. C'est vrai, j'étais profondément indigné. Les yeux perdus dans le vague, je regardais la route défiler. De temps à autre, je revoyais le visage de Gina la petite Sarde qui avait baissé les yeux en passant devant moi. Pour un peu de nourriture, elle allait docilement se livrer aux assauts d'un jeune Français en manque d'amour… Tristesse et dégoût m'envahissaient.

Les ordres donnés par les autorités américaines en ce qui concernaient les rapports avec les autochtones étaient très stricts. Pas de fréquentations, et surtout interdiction formelle de boire ou d'acheter du vin ou autre boisson du pays. Nous étions en guerre. En pays occupé, il fallait se méfier de toutes les astuces capables de déstabiliser les membres des Forces Alliées en pleine période d'opérations sur l'Italie du Nord.

Les Américains et les Français entretenaient de bons rapports. Leur action commune était efficace, il n'y avait pas de gros problèmes à résoudre. Notre Groupe était cependant soumis à quelques inspections d'hygiène et de sécurité. Malgré tout, les Français se montraient d'excellents « combinards » en matière de femmes et bernèrent facilement les autorités américaines.

Étant donné que les aviateurs français avaient la réputation d'être toujours tirés à quatre épingles, un responsable de chez nous eut l'idée, afin de « garder un contact permanent » avec les femmes aborigènes, d'organiser un service de petite couture et d'entretien du linge : comme recoudre un bouton sur une veste par exemple. Car cela n'était pas vraiment un travail d'homme. Une tente fut réservée aux « petites mains » que l'on prenait très jeunes à Cagliari pour l'exécution de ces travaux délicats. Certains aviateurs pressés, bien avant la tombée du jour, faisaient la queue devant la tente, la plupart du temps, le pantalon sur le bras, pour se donner bonne contenance. Quatre jeunes Sardes séparées les unes des autres par des couvertures suspendues à des cordes, « soulageaient » pour une poignée de lires ces braves soldats hébétés. Il parait même que les filles continuaient à bavarder entre elles pendant le « déroulement des opérations » ce qui, pour certains avait pour effet de couper les moyens mis en œuvre. D'autres, qui n'étaient pas encore redescendus de leur septième ciel, en oubliaient tout simplement leur pantalon. Ce qui arrangeait les autorités françaises en cas de contrôle. Ces « charmantes petites mains » avaient chaque jour beaucoup de pain sur la planche. Lorsqu'elles étaient « épuisées » parce que le rythme quotidien du « travail » était vraiment trop intense, alors, tout simplement on les changeait, on en reprenait d'autres toutes volontaires et très brunes.

Un jour, lors d'une inspection un officier américain s'exclama :

- Il est interdit d'avoir des ouvrières sardes à l'intérieur du camp. Mais, si c'est pour que les aviateurs français aient des tenues toujours impeccables, alors, je peux fermer les yeux.

Dans d'autres domaines, les Français allèrent très loin. Pour améliorer la cuisine américaine qui est, comme chacun le sait, assez particulière... des responsables de l'intendance firent venir en secret de l'Algérie des cageots de tomates, de courgettes, de poivrons, d'oignons et d'échalotes. Ce ravitaillement clandestin arrivait dans les soutes du bombardier assurant la liaison technique avec l'Afrique du Nord. Lors de mon voyage Oran-Cagliari, j'avais constaté la présence de cageots de légumes dans la soute à bombes, ainsi que quelque chose d'important recouvert par une bâche verte. Les bombistes descendirent ce « quelque chose » lourd et mystérieux à l'aide de palans et avec d'infinies précautions. Ingénument, je pensais qu'il s'agissait d'une énorme bombe secrète. Pensez-vous ! Lorsque la « chose » en question fut déposée sur un porte-bombe, j'appris par un copain que c'était tout simplement une barrique de vin de la région d'Oran pour le mess des sous-officiers. Ce nectar devait remplacer le Lemon juice américain qu'il est pourtant indispensable d'absorber lorsque l'on ne mange que des conserves. Car, gare au scorbut ! Tant pis, restons français, même si plus tard, il nous faudra prendre plus tôt que prévu le chemin du dentiste. Pour le moral, il n'y a rien de mieux qu'un bon coup de rouge. Allons, buvons à notre santé et « Vive la France ! »

Certains « Marauders » furent aménagés. Il y avait la possibilité d'adjoindre un réservoir supplémentaire de six cents litres entre le compartiment navigateur-radio et la soute à bombes. Ce nouveau réservoir fut affecté pour le transport du vin d'Algérie pendant tout le temps que dura la campagne d'Italie.

Ces anecdotes que je raconte, sont en quelque sorte des sourires que je place volontiers dans mon récit, afin d'oublier un instant les faits de guerre dans leur tragique réalité.

En ce mois d'août 1944, le Groupe « Bretagne », comme les autres Groupes du 42e Wing, a fort à faire : en Italie, couper la retraite aux Allemands se repliant pour retourner chez eux; en France, préparer et aider au débarquement en Provence. Les missions se succèdent. Parfois, l'un des nôtres ne rentre pas, touché par la meurtrière DCA allemande. Les pilotes du flight voient l'appareil perdre de l'altitude, quelques parachutes s'ouvrent, tandis que le bombardier disparaît en fumant dans la brume côtière. Très souvent, les appareils reviennent avec d'importants dégâts causés par des éclats d'obus de 88 m/m. Heureusement, le « Marauder » encaisse bien. Il est blindé. Pourtant, ce bombardier a mauvaise réputation. Construit par la Société Glenn Martin à Baltimore, il est inapte au vol plané sans moteur. Il est baptisé par les pilotes américains eux-mêmes : la « putain de Baltimore ». Pour nous, c'est « le fer à repasser ». Pour d'autres encore, « la machine à faire des veuves ». Deux puissants moteurs Pratt et Wittney de 2000 CV chacun, mais des emballements d'hélices au décollage. C'est un des premiers avions de guerre possédant des plaques de blindage protégeant les six hommes d'équipage : pilote, copilote, navigateur-bombardier, radio-mitrailleur, mécanicien-mitrailleur en tourelle supérieure et un mitrailleur de queue. Et puis, en tout, dix mitrailleuses de 12 m/m, sans angle mort pratiquement. Pour un chasseur ennemi attaquant un flight, cela lui fait une belle réception. La puissance de feu d'un tel groupe était considérée à cette époque comme exceptionnelle.

Les pilotes emportaient des parachutes dorsaux dont le logement était prévu dans le dossier des sièges blindés. Les autres membres de l'équipage portaient seulement les harnais. Les parachutes étaient stockés près des issues. Pour compléter la panoplie, il fallait ajouter un gilet spécial anti-flak et un casque métallique.

Je participe à plusieurs vols au-dessus de la Sardaigne pour permettre le réglage des appareils radio en vol ainsi que l'entraînement des navigateurs-bombardiers sur des îlots rocheux de la côte. Ces exercices de visée et de bombardement sont réalisés avec des bombes « bleues ». D'abord, parce qu'elles sont peintes en bleu pour éviter de les confondre avec les autres les vraies, ensuite, parce qu'elles sont chargées d'un fumigène qui, s'échappant après l'impact, donne une fumée bleutée permettant le repérage. Cet entraînement se pratique sur les îlots rocheux de la Serpentara, de Toro et de Madiventre à l'Ouest de la Sardaigne. Il ne fallait surtout pas les confondre avec un petit îlot voisin dit « de la Vache » qui était habité. Nous avions pu, lors d'une reconnaissance aérienne, y observer une ferme en activité.

Pour tous les Français basés à Villacidro, la date du 14 août est inoubliable. Tous les Marauders disponibles avaient rejoint Alghero au Nord de la Sardaigne, sur le terrain où était basé le groupe de reconnaissance 11/30 : l'unité de Saint-Exupéry. Le débarquement en Provence étant programmé pour le 15. À partir de ce point rapproché des côtes de Provence, il était prévu que nos avions effectueraient deux missions consécutives. Cela permettait aussi à tous les bombardiers de la 31e Escadre de décoller en même temps. Le bombardement des plages devait commencer à sept heures. Hélas, à l'heure du décollage vers cinq heures du matin, un intense brouillard s'était formé sur la région, ce qui, en cette saison était tout à fait inhabituel. Les avions ruisselaient d'humidité. Le point fixe des appareils souleva des nuages de poussière. Celle-ci se colla sur le pare-brise mouillé des autres bombardiers. Après avoir, dans l'attente du départ, laissé tourner les moteurs au ralenti pendant plus d'une heure, la mission fut définitivement annulée. En milieu de matinée, le brouillard devait se dissiper. Les bombardiers et leur dangereux chargement furent obligés de revenir se poser en douceur à Villacidro, afin d'effectuer un changement de bombes. En effet, pour le débarquement, les avions étaient équipés de petites bombes et pour la mission suivante, il fallait des bombes de 500 kg. Tout le personnel du Groupe, du cuistot au mécano, fut mobilisé sur la piste pour aider les bombistes. La formation retournait en France pour détruire des ponts dans la région de Sisteron.

Les jours suivant, l'objectif redouté des pilotes, fut la presqu'île de Saint-Mandrier : le verrou de la baie de Toulon. Les Allemands avaient rassemblé dans ce camp retranché d'importantes batteries côtières et de DCA. Tous nos avions furent touchés par une Flak intense et meurtrière. Sur cet objectif, nous déplorâmes la perte de plusieurs membres de nos équipages.

Dès le début du mois de septembre, les missions reprirent en direction de l'Italie. La ligne tudesque tenait bon sous les coups de boutoirs des Alliés. La DCA était particulièrement groupée et efficace. Au cours d'une mission aux environs de Bologne, l'un de nos bombardiers du Groupe Bretagne fut gravement touché. L'appareil perdit très rapidement de l'altitude, une fumée blanche s'échappait du fuselage. Des autres avions du flight, les hommes d'équipage - des copains - suivaient la triste agonie du Marauder français au-dessus des lignes allemandes, trois parachutes seulement s'ouvrirent…

Sur la piste de Villacidro, dans l'attente des bombardiers de retour de mission, il y avait toujours un moment d'angoisse. Très vite, l'œil habitué repère le vide laissé dans la formation par l'appareil manquant. Je suis consterné. Il s'agit bien de l'avion de notre ami René qui n'est pas revenu aujourd'hui de sa énième mission sur l'Italie. Notre copain René, le mitrailleur de queue. Celui qui, pour ne pas trahir son capitaine s'est jeté dans le vide. Notre timide et charmant camarade, a sans doute accompli courageusement sa dernière mission sur terre.

Au rapport du soir, la nouvelle est confirmée. L'équipage du Marauder est porté disparu, touché par la Flack au cours de son trajet de retour. Nous, ses copains les plus proches, nous sommes attristés. Après le repas, silencieusement, pour dissiper cette émotion, nous allons tous les cinq boire un coup au bar du mess : il faut savoir noyer son chagrin ! Pauvre René ! Qui avait peur des femmes… tellement il devait les aimer, sans doute ! On raconte bien sûr, des anecdotes, de petites histoires drôles qui nous reviennent en mémoire sur notre compagnon disparu. On s'aperçoit que la peine n'est pas facile à chasser et qu'il faut encore boire un coup. Maintenant, nous buvons pour qu'il nous revienne, car il faut toujours conserver un peu d'espoir. « L'espoir fait vivre » dit-on ! D'un commun accord, nous mettons toutes nos libations sur le compte de René. Comme ça, il sera bien obligé de revenir pour honorer sa dette…

Une ardoise pour mitrailleur de queue… plutôt un carton ! Ah ! Ah !

Le vin de Mascara nous grisant, nous fûmes secoués par un étrange fou rire incontrôlable. Il était temps de regagner notre lit de camp. Dans la plaine de Villacidro, les montagnes sombres de Carbonico se découpaient dans le clair obscur de cette belle nuit étoilée de septembre, tandis que près de nous, dormaient silencieusement, tous alignés le long des pistes « les oiseaux » de feu et de mort. Dans quelques heures, c'est-à-dire dès l'aube, le vrombissement des moteurs et le ballet des jeeps, redonneront à la plaine endormie l'atmosphère curieuse d'un film de guerre. Nous respirons l'air frais de la nuit. Malgré la triste réalité, nous nous sentons vivre !

L'Italie du Nord, Bologne, Florence, ponts, dépôts d'essence ou de munitions pour les Panzer Divisionen, sont les objectifs de bombardement de notre Groupe. La Flack crée des vides dans les rangs de nos formations. Les appareils rentrent souvent avec de gros dégâts internes. Il faut réparer de jour comme de nuit les destructions causées par les éclats de 88. Les éléments des émetteurs-récepteurs radio sont bien conçus. Quelques ailettes, deux poignées, on retire l'appareil détérioré et on le remplace par un nouvel élément. Essais.

Plus difficile est la réparation de la câblerie sectionnée. Sous l'autorité d'un officier, les réparations se poursuivent sans relâche jusqu'au départ de la mission suivante. À l'heure prévue, les équipages prennent possession de leur bombardier, les moteurs se mettent en marche, point fixe dans un ballet, les monstres modernes pivotent, se mettent à la queue leu leu, roulent jusqu'à l'extrémité de la piste et dans un bruit d'enfer, ces oiseaux d'acier lourdement chargés, décollent dans un ultime nuage de poussière.

Je regarde mon Groupe décoller. Soudain, quelqu'un m'appelle par mon surnom que seuls mes copains les plus proches connaissent.

- Loulou ! Oh !

- René ! m'exclamai-je en me retournant. Quelle joie de te revoir !

Quelle intense émotion ! Notre ami René est vivant ! Il nous est revenu ! On se congratule, on s'étreint.

- Tu as été porté disparu. Que s'est-il passé au juste ?

- Oui, après le largage des bombes effectué sur l'objectif dans de bonnes conditions, pratiquement pas de DCA sur le chemin du retour; dans la traversée de l'Italie nous avons alors sérieusement dégusté. Notre avion fut touché de plein fouet. Trois de nos camarades se sont jetés en parachutes par les sabords... je suis resté coincé dans la queue, asphyxié par les vapeurs d'essence, car des conduites avaient dû être sectionnées.

- Vous étiez sur le front à ce moment-là ?

- Oui, je le crois. Nos copains sont tombés en territoire ennemi.

- Vous avez donc pris feu ?

- Non... Mais, je pensais que d'une minute à l'autre nous allions exploser car, à cause de la vitesse de l'air qui s'engouffrait dans les brèches ouvertes par l'obus, l'essence était pulvérisée. Je perdis connaissance. Le Marauder toucha durement le sol et se mit à rouler. Le choc me sortit de ma torpeur. Je me suis dégagé et rampai jusqu'au sabord arrière droit. Comme je craignais l'explosion fatale bien avant l'arrêt, je me suis laissé tomber sur le sol. Après, je ne me souviens plus de rien. Notre pilote avait fait preuve d'un sang-froid inouï ! Il venait de se poser sur un terrain de secours juste derrière les lignes américaines.

Sous notre tente ce fut une explosion de joie.

Qu'importe nos origines, nos titres ou nos capacités. Ici, nous sommes unis dans une même destinée. Ce jour-là, ce fut une démonstration d'une franche et profonde amitié qu'il nous est donné de connaître hélas, trop peu souvent dans la vie de tous les jours en temps de paix.

Nous aidâmes notre ami René pour qu'au magasin il reprenne ses affaires personnelles, son lit de camp, ses couvertures. Il se réinstalla parmi nous sous notre tente. Ce soir-là, au mess des sous-officiers, ce fut la fête, le pot des retrouvailles. C'est là que notre ami découvrit avec stupeur… l'ardoise…

- Les salauds, cria-t-il, vous avez bu sur mon compte ! Je vais vous dire : cela me fait plaisir, vous ne m'avez pas pleuré, ni enterré… Vous avez pensé que je pouvais m'en sortir… C'est bien ! À nous, à notre santé, à bientôt notre retour en France. Alors là, je vous préviens, c'est vous qui m'offrirez le Champagne !

Le réveil fut pénible, mais nous fûmes dégrisés. Une merveilleuse nouvelle courait à travers la plaine de Villacidro. De tente en tente, à la vitesse d'un cheval au galop. Officiellement, le Groupe Bretagne allait bientôt quitter la Sardaigne pour un terrain situé dans le sud de la France. Dès lors, en cette fin de septembre, les jours passèrent très vite entre les missions centrées sur l'Italie du Nord et les préparatifs pour un prochain départ vers la France.

Le 29 septembre, je quitte la base de Villacidro pour le port de Cagliari ayant sous ma responsabilité le matériel radio du Groupe. Sur les visages de mes camarades, je lis un indéfinissable sourire. Dans quelques jours, nous foulerons le sol de France et nous reverrons les visages des êtres aimés à qui nous pensons tous les jours sans jamais en parler. Tout devient facile, aisé. Il y a sur le Groupe Bretagne comme un souffle de bonheur transcendant. J'aurais préféré, il est vrai, arriver en France par la voie des airs. Mais je fais partie de ceux qui vont préparer notre nouvelle étape. Les bombardiers arriveront ultérieurement. Nous acceptons les ordres avec plaisir. Demain, nous serons en territoire français !

Au port de Cagliari, nous embarquons notre matériel sur un LST battant pavillon américain. Dans la gueule béante du chaland de transport et de débarquement nos GMC jeeps, dodges sont littéralement « avalées ». L'organisation américaine est exemplaire. Pour le rangement des véhicules et du matériel roulant, les marins du bord sont d'excellents guides. Depuis la campagne d'Afrique du Nord, ils ont acquis l'expérience du rangement des camions et de leur arrimage. Dans le grand garage central, les véhicules sont entravés par des chaînes. L'équipage nous montre nos couchettes et remet à chacun de nous un gilet de sauvetage gonflable. Je me sens tellement joyeux que j'ai l'impression de partir en croisière.

Nous attendons patiemment l'heure du départ. Le port est très animé car le spectacle de la formation du convoi est très intéressant à suivre. Le soleil brille, la mer est bleue. Du haut des mâts, des petits haut-parleurs nous distillent une musique douce typiquement américaine : Je reconnais la musique de Glenn Miller et son fameux son ! La vie est belle, j'ai l'impression que plus rien de fâcheux ne peut nous arriver. Le landing ship ne porte pas de nom, mais un très grand numéro de trois chiffres peints en blanc sur une coque uniformément grise. L'instant est solennel. Les machines tournent, les premiers convoyeurs prennent la mer, nous serons sous bonne escorte jusqu'au rivage français. On ne sait jamais, un sous-marin allemand traînant dans les eaux profondes de la Méditerranée ou quelque bombardier de la Luftwaffe mal intentionné, pourraient nous faire du « tort »... À notre tour nous quittons le port de Cagliari. Nous ne disons rien tellement nous sommes émus par ce départ; je devrais dire par ce retour en France !

Nous voguons au large des côtes de la Sardaigne, près des petites îles qui servaient de cibles lors de l'entraînement de nos bombardiers. La mer est magnifiquement bleue. Sous le vent, les petites vagues sont ourlées de crêtes blanches, comme coiffées d'éphémères plumes de mouettes. Torse nu, allongé sur le pont, je prends un bain d'air marin et de soleil vivifiant. Je suis divinement bien, je ferme les yeux, la musique apporte une touche finale à cette sensation d'extrême bien-être.

Je pense à mes parents que je vais très certainement bientôt revoir. Je pense aussi beaucoup à Jacques qui a dû sans doute déjà débarquer en Provence. A-t-il été parachuté avant l'assaut ? Est-il encore vivant ?

Je songe à mes relations nouvelles d'Afrique. Toujours sans nouvelles de Lolita ! Par contre, ma marraine de guerre, « maman » d'Afrique comme elle se définit dans sa lettre, m'a écrit en Sardaigne ainsi que l'Architecte de Casa, qui m'a transmis le dernier message de mes parents datant du mois de mars. Sur la route qui me ramène en France, j'évoque en un ballet d'images rapides les souvenirs les plus émouvants de mes rencontres. Mais, très vite je revois les chers et douloureux visages de mes parents tels que je les ai vus pour la dernière fois au moment de notre départ vers la gare d'Agen pour fuir vers l'Espagne. Je ne pense plus qu'à les retrouver au plus tôt.

Que se passe-t-il? Le repas à peine terminé, nous sommes anormalement secoués. Je grimpe le long de l'échelle verticale qui conduit droit au pont par un sas muni d'un couvercle étanche que je referme soigneusement. Il fait nuit. Les côtes de Sardaigne se distinguent au loin sur tribord. La mer est houleuse. Le cap du landing ship est pratiquement face au vent qui, depuis la tombée du jour, s'est levé. De la passerelle on me fait signe de quitter le pont, je n'ai pas le droit de m'y trouver. Je réponds que j'ai compris mais je n'ai pas l'intention de m'enfermer dans cette boîte flottante. Je fais semblant de redescendre. À quatre pattes, je gagne une jeep attachée sur le pont en position centrale. Je grimpe et m'attache à la place du conducteur. Des paquets de mer balaient maintenant le pont. À ce moment-là, je ne savais pas que j'allais vivre ici l'une des nuits les plus tragiques de mon existence.

Progressivement, le spectacle devient grandiose. Inquiétant même. La houle se creuse de plus en plus et toujours sous un vent de Nord-Ouest déchaîné. C'est une des grandes colères que la Méditerranée réserve parfois à ceux qui la fréquentent. Ce chaland à fond plat, n'est certes pas conçu pour affronter de telles conditions de navigation. Lourdement chargé, il semble craquer de tous côtés. Les véhicules commencent à tirer sur leurs chaînes mêlant leur bruit à ceux de la coque faite de panneaux soudés renforcés de poutrelles. Si, sous les chocs répétés, les deux portes venaient à céder, notre landing ship coulerait corps et biens en une poignée de secondes. Dire qu'il y a à peine quelques heures une croisière de rêve commençait…

Le convoi est disloqué. Je ne vois plus les autres landing ships, cargos ou escorteurs que j'essaye de distinguer lorsque le bateau se retrouve au sommet des immenses lames. Pendant un bref instant, on domine la mer démontée puis on replonge dans le creux de la vague d'une hauteur d'un immeuble de plusieurs étages. À chaque fois, c'est un choc à l'avant de notre chaland qui n'est pas plus aérodynamique qu'un maillet de croquet. Un terrible coup de boutoir arrête l'élan du navire et fait hurler les chaînes d'arrimage du matériel. Des odeurs de fuel et de machinerie surchauffée se répandent dans le vide du hall central. Certains de mes camarades seront pris d'un violent mal de mer et d'un début de panique : accrochés désespérément aux couchettes ou aux hamacs, ils vomissent. D'autres veulent grimper sur le pont mais ne peuvent plus passer par les écoutilles car, dans un brusque et instinctif mouvement de sauvegarde, ils ont tiré sur la corde, libérant ainsi le gaz gonflant le gilet. Seul sur le pont, je me retourne de temps à autre et je regarde en direction de la passerelle faiblement éclairée. Un jeune Commandant américain soulève sa casquette et s'éponge le front.

Par la suite, il nous confiera que dans sa jeune carrière qui s'est déroulée sur l'Océan Atlantique, il n'avait jamais vu les éléments aussi déchaînés.

Notre LST s'éloigne des côtes de la Sardaigne mettant sans doute le cap sur Marseille. Nous voguons perpendiculairement à la houle. Des creux de douze mètres, un vent de plus de cent kilomètres/heure ! Celui-ci enlève des tonnes d'eau lorsque l'étrave du chaland bute contre la masse d'une nouvelle lame comme dans un véritable mur d'eau ! Ces énormes paquets retombent sur le pont en éclatant parmi les cabestans et les véhicules amarrés. Il n'est plus question pour moi de bouger. À la moindre tentative de sortie de ma jeep, je serais balayé. Avant que je puisse atteindre et ouvrir une écoutille, je serais emporté comme un bouchon de liège. J'ai descendu les fermetures amovibles de ma jeep. Mais, maintenant, voilà que je baigne dans l'eau glacée qui, peu à peu, a envahi le véhicule. J'ai peur et j'ai froid. J'arrive sans doute au terme de mon existence ! On ne s'en sortira pas. Tout va craquer. Dans quelques instants, le LST va s'ouvrir, se gorger d'eau et disparaître dans les flots déchaînés. Il y a quelques heures, je pensais avoir accompli le plus difficile... Pour la plus grande joie de mes parents, je me voyais déjà de retour dans notre maison familiale ! Rien n'est jamais acquis. À chaque instant, tout peut arriver !

La lutte est inégale. Lame après lame, le bateau s'épuise. Maintenant, « il cule ». Les creux sont encore plus impressionnants. Ce sont des montagnes d'eau qui surgissent dans la nuit. Le ciel est fantasmagorique : tantôt un ballet d'étoiles scintillantes, tantôt des énormes têtes de monstres animés par le vent violent qui hurle et siffle dans les mâts et les superstructures du navire.

Quand on sent la mort toute proche, on reste terriblement lucide. On vit intensément le peu de temps qui vous est accordé... Que se passe-t-il ? Manœuvre ou dérèglement du gouvernail ? Le bateau n'est plus perpendiculaire aux lames. Progressivement, il se range parallèlement à la houle. Comme une coquille de noix il monte au sommet de l'énorme vague. Il est déplacé, enlevé comme un corps inerte flottant. Le Landing ship gîte sur bâbord. Tout ce qui n'était pas attaché solidement, valse sur les entreponts, des fûts renversés roulent et s'écrasent contre les parois. Les chaînes des camions gémissent sous la torture. Des hommes à genoux crient leur frayeur. Sur la passerelle, je ne vois plus les officiers. Les lumières sont éteintes. Comme une épave à la dérive, la tempête rejette le navire loin des côtes de France. Malgré notre ardent désir et notre volonté de parvenir à toucher le sol de notre patrie le plus tôt possible, impuissants, pris par les éléments déchaînés, nous repartons vers le Sud !

Je suis durement secoué par un marin américain. Au petit matin, épuisé de fatigue, j'ai dû finir par m'endormir sur le volant de la jeep. Je suis vivant mais mort de froid ! Je comprends la réaction du marin, car il était bien défendu de rester dans les véhicules sur le pont. Il me parle sur un ton de grande colère, mais je ne comprends absolument rien. Il ne me reste plus qu'à sourire. Alors, il me flanque une bonne tape sur l'épaule. Quand il m'a découvert, sur le moment, il a eu peur pensant que j'étais mort. Après cette nuit de cauchemar, cette vision apocalyptique du ciel et de la mer, cette terrible angoisse du naufrage, je comprends sa réaction. Il faut se libérer comme l'on peut des tensions vécues.

Le soleil brille. La Méditerranée est apaisée. Toute la nuit le landing ship, avec l'aide de ses machines et du vent arrière, a fui le gros de la tempête, en prenant résolument le cap vers le Sud.

Nous sommes en pleine mer, aucun bateau à l'horizon!

La radio crépite. Le Commandant est à la recherche des autres navires du convoi. Le bruit circule que nous sommes maintenant plus près d'Alger que de Marseille. Tout est à refaire. La journée entière, notre LST va tourner en rond dans l'attente des autres unités en vue de reformer le convoi, tout en évitant d'être la proie facile d'un sous-marin allemand. Les hommes se restaurent et en profitent pour trouver un peu de repos sur le pont ensoleillé. Les haut-parleurs diffusent de nouveau une musique de jazz. Que c'est bon de revivre! Nous avons chaud. Je revois ces images inoubliables de la nuit lorsque le bateau se trouvait par le travers et qu'il recevait d'énormes paquets d'eau qui balayaient le pont soulevant la jeep dans laquelle j'étais attaché, avec la crainte à chaque instant qu'elle se libère de ses chaînes. J'aurais alors été emporté avec elle comme un fétu de paille et j'aurais disparu dans les eaux tumultueuses et glacées.

Patiemment, nous attendons l'arrivée des premiers navires. Dans la nuit, le convoi sera ainsi reformé et sous la bonne garde de deux escorteurs américains, nous mettrons à nouveau le cap sur Marseille. Dans un beau ciel étoilé, la lune brille, le vent est tombé. Je sens que la nuit sera bonne. Je regagne ma couchette. Et bientôt, nous serons en vue de notre pays. Nous l'espérions depuis si longtemps !

RETOUR EN TERRE FRANÇAISE.

Pour quelqu'un qui s'est évadé de France, revoir les côtes françaises est un moment d'intense émotion.

Je suis debout, sur le pont. Silencieux, j'observe. Je m'abreuve d'images de la terre qui se rapproche de plus en plus. Je n'entends plus les ordres des officiers américains lancés pour la manœuvre d'approche à l'entrée du port de Marseille. J'ai le sentiment de vivre un rêve cent fois recommencé, qui aujourd'hui s'évanouissait comme englouti dans la réalité des choses...

Le ciel est bleu, il fait beau, la ville est dorée sous le soleil d'octobre. Je suis ému. Je pense à mes parents qui ne se doutent de rien, alors, je ne peux retenir quelques larmes : l'émotion bien sûr, mais aussi la joie, la reconnaissance d'être en vie !

Pour barrer l'entrée du Vieux Port de Marseille, près du pont transbordeur, les Allemands avaient coulé en travers, de quai à quai, un cargo français. En arrivant, les Américains ont, dans la partie centrale, découpé un tronçon pour accéder aux quais du Vieux Port. Cette image aussi impérissable restera toujours gravée dans mes souvenirs. Notre bateau passera au milieu de cette énorme carcasse haute comme un immeuble de cinq étages, coupée nette au chalumeau laissant apparaître de chaque côté la disposition des cabines, des couloirs, des cales, de la machinerie. Dans quelques secondes, nous arriverons. En effet, nous allons tout droit dans la direction du quai des Belges ! Sans attendre les instructions, je cours, je saute sur le quai. Je pose le pied sur le sol français, je suis infiniment heureux. J'explose de joie. Je me jette dans la foule ! J'ai le souvenir d'avoir embrassé toutes les personnes qui passaient à ma portée en leur criant : « Mais oui, je vous assure, je suis français ! » Je ne me souviens plus de leur visage. Dans cette euphorie, cela est pardonnable. Par contre, petite anecdote, je me rappelle une odeur de poisson qui restera collée à ma chemise, preuve d'une éphémère et historique effusion !

Le débarquement fut aussi rapide que l'embarquement l'avait été à Cagliari… mis à part les démarrages laborieux de certains camions GMC dont les moteurs furent copieusement arrosés pendant la tempête. Dans l'attente de notre future destination, sans doute la base militaire d'Istres, le matériel radio, et d'autres équipements précieux sont stockés sur la place de la Bourse, tout près de la Canebière. Les ordres sont formels : nous ne devons quitter la garde de ce matériel, sous aucun prétexte.

C'est dur d'arriver sur le sol français et de ne pouvoir se promener, ne serait-ce qu'une heure, sur les boulevards, à deux pas d'ici. De boire un coup à la terrasse d'un café en « baratinant » les filles qui passeraient à proximité. Bon sang ! Qu'elles sont jolies les brunes Marseillaises et quel accent ! Cela chante bon la France. Calmons-nous ! Il a fallu depuis de longs mois faire preuve de tant de patience que les dernières heures doivent être aisément supportées. Sur la place, les filles viennent nous voir, nous prenant pour des « Amerlocs ». C'est vrai, la première réaction d'une jeune fille nous voyant en tenue américaine, c'est de nous sourire en essayant de s'exprimer dans un anglais élémentaire et chantant. Nous tentons un instant d'entamer le dialogue dans la langue de Shakespeare, avec un fort accent « yankee », et puis très vite, nous éclatons de rire. Lily, mon copain de Paris s'esclaffe : « Dès notre arrivée, nous accrochons les filles, c'est sympa. » Nous nous promettons de revenir à Marseille lors de notre première permission.

En plein cœur de la ville, cette première nuit passée sur le sol français aurait pu m'être fatale. C'est à peine croyable ! Ce fut sans doute l'un des moments de mon odyssée où la mort aurait pu me donner rendez-vous !

Ayant organisé pour la nuit notre camp provisoire, j'avais fait disposer les caisses de matériel en carré créant ainsi une cour centrale au milieu de laquelle les hommes pouvaient trouver un abri et un peu de repos. La nuit était calme malgré d'incessants passages de convois et de jeeps de la Military Police. Je n'avais guère sommeil. Je pris mon tour de garde de vingt-deux heures à minuit avec mon copain parisien que l'on surnommait Lily, parce qu'il s'appelait en réalité Pons ! Soudain, sur la place de la Bourse, brisant le silence, un grand tapage nous fit sursauter… crissement de pneus, freinage, accélération, dérapages, chocs de carrosserie. Lily et moi, assistions interloqués à la course infernale de deux tractions avant noires se pourchassant sur toute la longueur de la place… Coups de feu, claquements secs de mitraillettes… Voilà qu'ils nous encerclent… Attention… De la deuxième voiture, les rafales crépitent. Dans un réflexe vital, je me jette à plat ventre entraînant dans ma chute mon copain hébété ! Les deux véhicules arrivent à notre hauteur. Comme nous nous trouvons dans un angle de la place, elles tournent à toute allure en dérapant. Des deux véhicules partent des rafales. Puis, les deux tractions disparaissent dans la nuit. J'ai le cœur qui bat fort. Je tâte mon copain planqué à côté de moi, il ne bouge pas… Qu'y a-t-il de collant sur lui ? Non, ce n'est pas du sang, c'est froid. Que se passe-t-il, un liquide coule sur nous !

- Allons Lily… bouge un peu… t'es touché ou quoi ! criais-je angoissé.

Lentement, mon copain se redressa et goûta le liquide qui coulait toujours. Avec son accent parisien et non sans humour, il me dit :

- Goûte… C'est du pur jus d'ananas made in USA !

En effet, c'était bien du sirop. Je me redressai et restai un moment silencieux. Malgré la semi-obscurité de notre camp, je venais de mettre le doigt dans le trou qu'une balle perdue avait pratiqué, perforant de part en part une boîte de cinq kilos de rondelles d'ananas, habilement dissimulée dans une caisse de matériel. Une seconde avant, Lily et moi étions debout, à cet endroit précis, les bras posés sur la caisse en question, regardant Marseille vivre la nuit. Nous venions d'assister à l'un des derniers règlements de compte entre FFI et miliciens marseillais !

Décidément… quelques heures plus tard, je devais connaître un autre fâcheux incident qui aurait pu, lui aussi, me coûter la vie. À peine arrivé sur le terrain d'Istres, pour satisfaire un besoin naturel, je me suis écarté de la piste et je me suis dirigé vers une zone herbeuse totalement à l'abandon. Rêvassant, regardant au loin les collines noyées dans la brume, je fus apostrophé énergiquement par une sentinelle sénégalaise :

- Halte, ne bougez plus… vous êtes sur un terrain miné… Vous n'avez donc pas vu les écriteaux ? Ne bougez plus !

Il tira un coup de feu en l'air. Je devais être livide. Soudain, j'ai eu très peur. Une jeep alertée par le tir de la sentinelle, quelques minutes plus tard, arriva à toute vitesse. Pour moi, le temps était devenu une éternité ! Étant descendu du véhicule, l'adjudant en criant fort, me guida pour revenir vers la voie de circulation en m'indiquant toutes les précautions à prendre :

- Essayez de retrouver la trace de vos pas, en marchant au même rythme que tout à l'heure... Repérez bien sur le sol toutes les traces suspectes. L'absence d'herbe par exemple. Surtout, ne vous mettez pas à courir... Allez-y... Doucement !

L'adjudant et la sentinelle s'étaient couchés sur le sol... très lentement, en prenant mille précautions je pris le chemin du retour. Une sueur froide perlait à mon front. Après tout ce voyage : toutes ces péripéties de l'Espagne à la Sardaigne, ma vie pouvait s'arrêter ici, sur le sol de France, en sautant sur une mine ? Être déchiqueté ? Une peur immense s'empara de moi. Pour effectuer les derniers mètres, je mis un temps fou. J'avais froid dans tous mes membres. Je tremblais comme une feuille morte attachée à la ramure sous un vent frisquet d'automne. Ouf ! Enfin, je m'affalai sur la piste !

Soulagé, l'adjudant me confia :

- Nous avons perdu un homme ici même, la semaine dernière. Ce sont des mines allemandes anti-personnelles qui ceinturent le terrain d'aviation, dans le but d'éviter les intrusions clandestines et les attentats. Pour les enlever, nous ne sommes pas assez nombreux. Nous ne pouvons donc en enlever que peu à la fois.

Il me flanqua alors une bonne tape sur l'épaule :

- Vous m'avez fait peur !

Le 3 octobre 1944 fut un grand jour pour le Groupe Bretagne. Les Marauders B 26 se posèrent sur le terrain d'Istres. Un grand nombre d'aviateurs de cette formation n'avaient pas vu leur patrie depuis 1940. Ce fut pour eux une grande émotion. Le Groupe fut cantonné à Saint-Chamas. Les premiers contacts avec la population furent assez délicats. Les jeunes Français du Groupe affichaient un puissant optimisme, voire une certaine euphorie. Hélas ! La majorité de la population se ressentait encore des privations alimentaires imposées par l'occupant! Néanmoins, quelques réjouissances furent organisées en notre honneur. Je me souviens d'un bal donné dans une ancienne salle affectée au séchage de la morue sur les quais de l'Étang de Berre. Je fus surpris de constater combien la jeunesse française avait besoin de s'amuser après ces terribles années d'occupation. Les jeunes filles de Saint-Chamas furent d'une grande gentillesse à notre égard. Nous aurions pu les « cueillir » comme les premières et tendres fleurs d'un début de printemps. Aviateurs français dans l'uniforme américain, arborant le sourire des vainqueurs nous incitaient à jouer les séducteurs. Il faut bien que jeunesse se « passe » !

Je me souviens de la très jeune Emma rencontrée à ce fameux premier bal donné dans la sécherie. Ravissante petite brune aux yeux pétillants qui, un instant, a su prendre mon cœur. Ce soir-là, lorsque je la raccompagnai chez elle près du passage à niveau, j'ai eu bien du mal à la quitter tant ses effusions étaient brûlantes et sincères. Un soir, elle me dit :

- Je ne veux pas m'attacher davantage à toi, car j'ai tellement peur de ne plus te revoir quand tu auras quitté la région. Bien sûr, tu vas me faire la promesse de m'écrire. Mais, combien de jeunes filles rencontreras-tu encore avant que la guerre ne soit finie? Et moi, je vais me morfondre et vieillir lentement dans ma petite ville de province. Tu vois, je ne veux pas te donner « plus »… mais je pense bien que déjà je t'aime !

Dans cette euphorie bien légitime au fond, il n'y eut cependant pas de débordements répréhensibles. Une anecdote assez typique de cette époque me revient à l'esprit : alors que nous étions plusieurs du Groupe en galante compagnie à la terrasse d'un café, l'un de nous eut l'idée de sortir de sa poche un sachet de préservatifs, ils nous étaient fournis en abondance par l'intendance américaine et, chacun de nous en avait sur lui comme des cigarettes et des allumettes de la même provenance. Ce qui était amusant pour nous, je mets cela entre parenthèses, c'est que les jeunes filles du pays qui avaient le baiser facile, ne possédaient aucune information sur l'utilisation de ce produit ! Coquins que nous sommes, nous les avons gentiment incitées à souffler dedans pour créer des petits ballons d'une forme particulière. Nous étions « nous les fortiches » pliés de rire, car, nos jeunes personnes soufflaient à qui mieux mieux dans les capotes, et ce, en toute innocence. Soudain, l'un de nos officiers s'arrêta devant notre table et très en colère, il s'écria :

- Messieurs, s'il vous plaît, un peu de tenue. Vous donnez là une très mauvaise image de notre Groupe. Cessez immédiatement ces pitreries !

Nous avons bien entendu obéi. Mais nous n'avons pas pour autant expliqué à nos amies d'un jour les raisons du courroux de notre Chef. Et, nous ne leur avons pas davantage révélé le mode d'emploi de ce mystérieux objet.

La naïveté de ces jeunes filles était belle à voir. Nous sommes repartis en les gâtant. Nous leur avons offert les paquets de cigarettes américaines que nous avions sur nous.

Ceci n'était qu'un agréable intermède. Notre préoccupation majeure, était de partir le plus tôt possible en permission. De retrouver enfin nos parents chéris. À peine étions-nous arrivés en France, qu'une permission exceptionnelle se profila. Un équipage du Marauder reçut l'autorisation du Haut Commandement d'aller jusqu'à Pau et d'emmener les aviateurs intéressés par un court séjour dans le Sud-Ouest. Ce fut une grande joie, lorsque j'appris, après pas mal de démarches auprès des autorités responsables, que l'on pouvait me déposer à Toulouse, et que ce départ était envisagé dans les prochains jours ! Inutile de dire qu'en attendant la confirmation du vol, j'étais sur des charbons ardents... je n'en dormais plus. Mes affaires étaient prêtes : mon gros sac rond bourré de bonnes choses pour mes parents. Je scrutais le ciel, la météo n'était guère favorable. La voûte céleste était encombrée de lourds nuages. Il s'agissait d'un système pluvio-orageux qui venait de l'Atlantique. Après le départ des Allemands, les aérodromes français n'avaient pas encore été équipés pour des atterrissages sans visibilité : pas même un radar dans la zone d'approche. Aucun réseau de météorologie n'existait dans la France ruinée et appauvrie.

Cependant, le vol est affiché pour demain. Quelle joie! J'ai envie de courir et de crier mon bonheur. En réalité, une grande émotion intérieure m'envahit. J'ai froid. Dire que je suis à une poignée d'heures de ce grand jour! Après avoir vécu tous ces événements, revoir enfin mes parents! Ce sera sans doute la plus grande et la plus belle surprise de leur vie. Pourvu qu'ils soient en bonne santé? Dans quel état vais-je les retrouver?

Majestueusement, le Marauder décolle, s'élève dans la vallée du Rhône, s'incline vers les Cévennes, prend de l'altitude, se noie dans les nuages. Cette fois, le bombardier est chargé de permissionnaires. Quel beau voyage! Il nous emporte vers nos familles respectives. Notre bonheur est immense. Dans les nuages, si près du but, on se met soudain à douter de la réalité des choses. Serait-ce encore un rêve? Non, le B 26 franchit la barrière montagneuse et doit affronter un orage de plein fouet, nous sommes secoués. Cap sur Toulouse. D'une façon continue, le pilote et le navigateur s'emploient à faire le point. Aucun contact radio n'est possible. Le pilote estime sans doute qu'une observation à vue est indispensable. Le Marauder descend, perce la couche nuageuse. « Sommes-nous dans la vallée de la Garonne? » « Non, répond le navigateur dans l'interphone nous sommes à la verticale de Bédarieux. » « Demi-tour, dit le pilote, nous prenons trop de risques. »

Le temps bouché, le manque d'équipement de guidage étaient les raisons de notre retour à la case départ ! Quelle déception ! Si près du but et faire demi-tour ! Certes, ce n'est que partie remise mais, dans l'Armée, on ne sait jamais. Demain, les ordres seront peut-être différents ? On pouvait lire sur nos visages figés une expression de désenchantement teintée de peine.

Pour le retour, le pilote se dirigea vers la Méditerranée et, à basse altitude suivit la côte jusqu'à la Camargue. Je me souviens très bien d'avoir aperçu par le sabord l'étang de Thau miroitant sous un soleil diffus.

La soirée me parut terriblement longue. Le sommeil ne fut pas au rendez-vous. Inquiet, je me levai de bonne heure pour aller consulter le tableau des vols prévus. Heureusement pour nous, les permissionnaires, le départ était envisagé dans l'après-midi. Les conditions atmosphériques semblaient devenir plus favorables. Inutile d'ajouter que je passai la matinée dans cette attente, regardant le ciel toujours quelque peu chargé de nébulosités à caractère orageux.

Le Marauder s'élève bruyamment au-dessus de la tranquille campagne provençale, puis décrit un large virage et se dirige vers le sud. Le pilote avait décidé de gagner Toulouse en vol à vue. C'est ainsi qu'à très basse altitude, nous suivrons le canal du Midi découvrant cette partie de la France dans sa secrète beauté. Voici l'impressionnante cité de Carcassonne posée sur son escarpement, comme une jolie maquette colorée flottant dans la brume ! Le canal du Midi sera notre fil conducteur. Nous survolerons « le seuil de Naurouze séparant le bassin Méditerranéen de la dépression d'Aquitaine » me rappelant soudainement ces notions de géographie apprises lorsque j'étais écolier et stockées au fond de ma mémoire.

L'avion décrit un grand cercle. Nous voilà arrivés à la périphérie de la ville « rose ». En exécutant de larges virages, le pilote survole l'aérodrome pour mieux inspecter la piste principale, et vérifier si, le cas échéant, d'éventuels trous de bombe n'auraient pas été hâtivement comblés ; ce qui aurait été extrêmement dangereux pour un lourd bombardier comme le nôtre. Le terrain est totalement désert.

Au début de la piste, le pilote pose très délicatement son avion laissant retomber l'avant de l'appareil avec lenteur sur la béquille du nez. Les militaires applaudissent cet atterrissage réalisé impeccablement sur un terrain incertain. Après une si longue absence, ce voyage les ramène près des êtres chers. Nous sommes émus. Nous avons des larmes dans les yeux. Quel bonheur ! Mes chers parents, j'arrive ! Je suis à Toulouse !

Ce Marauder du Groupe Bretagne était le premier appareil de l'aviation française à se poser sur cet aérodrome, et cet atterrissage avait eu un observateur inattendu. Lorsque le bombardier emprunta la voie de dégagement en direction de l'aire de réception, face au petit bâtiment d'accueil, près d'une très modeste tour de contrôle, nous pouvions distinguer la silhouette d'un officier en tenue bleue « style d'avant-guerre avec casquette et galons dorés »... nous fûmes très, très surpris ! Les hélices quadripales du B 26 à peine arrêtées, il fit quelques pas dans notre direction. Par la petite échelle du poste de pilotage, les heureux permissionnaires de la région toulousaine descendirent le parachute jeté sur le dos. Dès que nos pieds foulèrent le sol, nous fûmes stoppés par cet officier de l'ancienne armée française « Modèle 1939 », qui eut l'audace de nous poser cette stupide question :

- Messieurs, votre ordre de mission, s'il vous plaît ?

- Aujourd'hui, nous ne sommes pas en mission mais en permission, s'écria l'un d'entre nous.

- Alors, vos titres de permission et l'autorisation pour le pilote de se poser à Toulouse.

- Écartez-vous, dit alors le Capitaine Roger, un valeureux pilote du Groupe, votre costume pue la naphtaline. Le mien, sent encore bon le sable chaud de la Tripolitaine... Allez, dégagez !

Puis, se radoucissant pour se faire plus diplomate mais en conservant une certaine autorité envers l'officier administratif : « Vous feriez mieux de nous donner une armoire métallique fermant à clé pour entreposer nos parachutes individuels : nous en avons la responsabilité. Nous repasserons dans huit jours. »

Cet incident montrait l'évolution rapide de notre formation au combat aux côtés des forces américaines, face à une armée d'avant-guerre engoncée dans la bureaucratie et brusquement réveillée après une profonde léthargie. Cependant, nous nous pliâmes aux formalités de l'enregistrement des fiches se rapportant à notre identité et à notre destination. Au loin, sur la piste principale, notre Marauder s'élançait en direction de Pau. Très vite, il disparut dans une épaisse couche de nuages.

Rejoindre la gare de Toulouse me fit perdre un temps précieux. Aucun véhicule de l'aéroport ne pouvait me transporter en ville. Avec mon gros sac, à deux reprises j'ai dû me résoudre à faire du stop... pour apprendre, arrivé à la gare, qu'il n'y avait plus de train pour Agen avant demain matin, sauf un train postal qui passait en gare vers minuit ! Dans un café, je me restaurai et j'attendis patiemment ce train de nuit que je comptais bien prendre pour qu'il me déposât en gare d'Agen, à quelques centaines de mètres de la villa Thérèse, là où je devais normalement retrouver mes chers parents !

Dans la gare de Toulouse, habillé en Américain, version costume d'été, je fus l'objet d'une certaine curiosité et je dus répondre à de nombreuses questions posées par des cheminots, des voyageurs attardés et aussi à une ronde de Police. Mon titre de permission leur parut opaque. Étant donné que j'étais français, ils eurent des doutes sur ma véritable identité : c'est de justesse qu'ils me laissèrent enfin tranquille! Après avoir traversé tant de difficultés, après avoir imaginé à maintes reprises l'instant le plus doux : retrouver ses parents, lorsque l'on se sent près du but, on vit dans l'angoisse d'être au dernier moment empêché de réaliser cet espoir. Les heures passées dans cette salle d'attente triste et faiblement éclairée furent interminables. Je me sentais prisonnier du temps. J'ai eu soudain envie de tout casser, de courir comme un fou vers Agen. De crier dans la nuit le prénom de mes parents. Ce cauchemar avait trop duré, il fallait qu'il cesse tout de suite... sinon...

Assez bruyamment, crachant son trop-plein de vapeur, freinant de tous ses sabots de fer, jouant des tampons, le train de messagerie postale entra en gare. Ce fut ma délivrance! Ma pression intérieure retomba. Prestement, je jetai mon sac sur l'épaule et grimpai dans un vieux wagon de troisième classe aux cuirs usés. Enfin! J'étais heureux comme un roi dans son carrosse en or : dans une heure, je serai à Agen!

Agen... Quel mot magique, à peine prononcé depuis mon départ. Au fond de moi, Agen représentait la charmante ville de province où nous avions connu Jacques et moi, avant notre départ pour l'Espagne, un vrai bonheur familial. Ce bonheur que nous éprouvions mes parents, Jacques et moi, malgré les restrictions et les privations de toutes sortes, était profondément enraciné dans notre cœur, dans les fibres les plus sensibles.

Ce bonheur s'est nourri dans les difficultés que nous avions connues et vaincues ensemble, sous les bombes allemandes, depuis l'exode de juin 1940 jusqu'à notre installation progressive dans le pays agenais, vivant sans ressources avec de maigres indemnités de réfugiés. Au début pas de connaissances, donc pas de bon tuyau pour le ravitaillement autre que celui que nous délivrait en contrepartie des tickets de rationnement. Cependant, avec doigté et patience, mes parents réussirent à nous installer dans une certaine quiétude.

Ajoutons que cette harmonie familiale était due en partie à l'évolution naturelle de notre maturité. Jacques et moi sentions la nécessité de collaborer davantage à la vie de la famille soulageant ainsi nos parents dans leurs tâches quotidiennes. Mon père avait trouvé un travail de géomètre. Avec Jacques, il arpentait les berges de la Garonne, procédant au relèvement des niveaux des digues destinées à contenir les crues du grand fleuve capricieux. De mon côté, je suivais par correspondance les cours d'officier radio de la Marine Marchande. Pour passer les examens officiels, je me rendais à Marseille.

À plusieurs reprises, mes parents avaient changé de domicile. Au printemps de 1943, nous habitions une demeure, la villa Thérèse, agréablement située sur le coteau de l'Ermitage dominant la ville d'Agen.

Un grand coup de frein me projeta sur la banquette d'en face et eut le mérite de me tirer de ma rêverie.

- AGEN ! Hurrah... Enfin ! Je suis de retour !

Dans un vacarme de fers entrechoqués, de grincements de roues, de vapeur s'échappant en hurlant, le train de messagerie s'immobilisa. Le contrecoup de ce brusque arrêt me fit retomber sur le siège. Qu'importe, l'instant était solennel. J'ouvris la portière et posai lentement le pied sur le quai principal de la gare... revoyant comme dans un flash, cet émouvant départ, à ce même endroit pour notre évasion par l'Espagne !

Personne. Si... Un employé sortant quelques sacs postaux d'un wagon. C'est tout. Je traversai silencieusement la gare à peine éclairée. Aucune vie sur la place ou dans les rues avoisinantes.

L'air était bon à respirer. En toute tranquillité - je n'en revenais pas moi-même - je pris le chemin en direction du coteau. Je sentais mon cœur battre à se rompre. Rien. Je montai calmement la rampe en direction de la passerelle pour franchir les voies ferrées. Fumant et crachotant, le train postal repartait bruyamment en direction de Bordeaux. Lorsque la locomotive disparut sous le pont routier de l'avenue de Bordeaux, le silence de la nuit se fit alors plus pesant. Je n'entendais plus que le bruit de mes pas résonner sur la passerelle métallique. Dans la profondeur de la nuit, cette insolite résonance annonçait le retour du fils prodigue malgré lui, à des parents qui devaient rêver chaque jour, une telle réapparition ! Attente qui devait être de plus en plus angoissante, par le fait même que le débarquement des Forces Alliées en Provence était effectif depuis un mois et demi, et qu'ils étaient toujours sans nouvelles de leurs enfants !

Sans émotion apparente, j'entrepris de gravir le petit chemin très raide qui nous servait de raccourci pour atteindre le plus rapidement possible la villa qui se trouvait à mi-hauteur du coteau. Dans l'étrange nuit que je vivais, à deux reprises, la cloche de la chapelle de l'Ermitage tinta très discrètement. Essoufflé, je posai mon sac à terre. Je me trouvais devant la grille de ma maison. Maintenant, il me semblait que j'avais tout mon temps pour goûter la joie qui, intérieurement, m'inondait. Ce temps qui souvent fut insupportable, ici, je le savourais.

Un pilastre à droite : une plaque émaillée, quelques fleurs peintes et une inscription : « Villa Thérèse ». Un pilastre à gauche, une poignée actionnant la cloche située là-haut sur la terrasse. Je pose la main sur la poignée, mais je savais que je ne la tirerai pas. Pourquoi réveiller mes parents en pleine nuit ? Ils pourraient avoir peur, ou croire à une mauvaise plaisanterie. Tant pis ou tant mieux. J'escalade la clôture. Ici, rien n'a changé sauf le lierre qui a envahi la grille. Mais les pointes acérées des barres verticales n'étaient pas toutes enrubannées de feuillage. Je montai sur le muret, et balançai mon sac par-dessus la clôture. Le bruit effaroucha quelques oiseaux et fit aboyer le chien d'une propriété voisine. C'est vrai, un instant je pris l'attitude du cambrioleur qui reste immobile dans la nuit, guettant le moindre bruit suspect. En prenant d'infinies précautions, je franchis la grille.

Maintenant, mon grand bonheur était là : il m'attendait, je le sentais. Mon cœur se mit à battre très fort. Levant la tête, je devinais la façade de la villa dissimulée sous les frondaisons de deux gros tilleuls qui bordaient la terrasse. Encore soixante-douze marches à gravir et je pourrai réveiller mes parents. Quelle chance de pouvoir connaître un jour dans sa vie un tel bonheur, une telle joie ! Cet instant à lui tout seul, mérite de vivre toute une vie pour connaître cette intense émotion !

Lentement, le sac sur l'épaule, je monte cet escalier de briques que surplombe une tonnelle où la vigne jadis a dû s'étaler à merveille. Un délicat parfum d'automne embaume la douce nuit. J'éprouve une grande joie de vivre. En gravissant les dernières marches, je ris tout seul. J'ai tout oublié de mes souffrances et tous ces moments difficiles où l'on perd le goût de vivre. Je suis devenu un homme nouveau, façonné par les événements et les rencontres. Je suis infiniment heureux d'être vivant, et maintenant, je pleure…

Je dois me reprendre même si l'instant est pathétique ! La maison sommeille. Les volets d'un bleu passé sont complètement clos. Comment réveiller mes chers parents ? Comment leur faire connaître la joie intense de mon retour ?

Cette minute est historique. J'en garde dans la mémoire, un souvenir constant, c'était merveilleux. Soudain, sans l'avoir prémédité, je me baisse et je ramasse sur le sol de la terrasse une poignée de graviers : petits cailloux de la Garonne. Avec précision et lenteur, je les ai envoyés un par un contre les volets de la chambre située au premier étage. Les volets semblèrent prendre vie et doucement s'écartèrent. Une chevelure grisonnante apparut. La voix claire de ma mère se fit entendre :

- C'EST TOI ?

- Oui, C'EST MOI ! répondis-je en éclatant en sanglots.

Les volets de la chambre restèrent ouverts. La silhouette avait disparu. Aussitôt après, les grands volets de la porte-fenêtre de la cuisine s'ouvrirent brusquement et ma mère se précipita dans mes bras.

Une minute d'un si grand bonheur est indescriptible.

Cependant, aujourd'hui encore il me reste quelque chose de précis et de douloureux dans mes souvenirs. Je venais découvrir soudainement dans cette effusion en tenant ma mère serrée dans mes bras, toute la souffrance qu'elle avait vécu au cours de ces longs mois de séparation et d'angoisse. Son corps était très amaigri. Ses beaux cheveux bruns grisonnaient, elle me paraissait petite, fragile, presque maladive. Son émotion et sa joie étaient tellement grandes qu'elle ne pouvait ni pleurer, ni parler. Sa poitrine se soulevait sous des hoquets incontrôlés. Alors, je me suis mis à la bercer, en lui disant à l'oreille et entre deux sanglots : « Maman… Maman… je suis là… c'est fini ! »

La cuisine s'éclaira, mon père apparut sur le seuil de la porte. Je me précipitai dans ses bras. Il était devenu vieux lui aussi. Deux larmes coulèrent sur son visage frémissant d'un sanglot contenu. Alors, ne pouvant plus me retenir plus longtemps, je courus me jeter sur la table de la cuisine pour éclater en sanglots, libérant toutes les larmes de mon corps.

Dans l'immense joie des retrouvailles, je comprenais tout ce que mes parents avaient subi depuis notre départ précipité vers les Pyrénées : cruelle attente de très rares nouvelles.

Angoisse profonde née d'une inquiétude constante sur le sort de leurs deux garçons en pleine guerre mondiale, prouvant si cela était nécessaire, l'intensité de l'amour qu'ils nous portaient. Nous étions devenus, Jacques et moi, plus que leur vie ! Je me revois, la tête appuyée et les bras allongés sur la table, secoué par de bruyants sanglots : mélange indéfinissable de joie et de peine. Mes parents s'approchèrent de moi et tentèrent de me relever :

- Pourquoi pleures-tu ainsi ? Vois, nous sommes vivants ! me dit ma mère avec une grande tendresse... Tu es beau dans ton habit militaire... C'est l'uniforme américain ?

- Oui, répondis-je en me redressant et en séchant mes larmes. Je suis dans l'aviation française, au Groupe de bombardement Bretagne sous contrôle américain.

- Tu dis dans l'aviation ? Tu es dans l'aviation ! s'exclama ma mère avec surprise et effroi.

Son sourire avait disparu, son visage devint sombre...

- Mais, c'est dangereux... balbutia-t-elle... la guerre n'est pas finie !

- Et Jacques, tu as de ses nouvelles ? demanda mon père. Que fait-il ? Dans quelle arme est-il ?

- Je n'ai pas de nouvelles de lui depuis le mois d'août en Algérie... où nous nous sommes vus pour la dernière fois. Depuis, rien. Pourtant, je lui ai écrit à plusieurs reprises. Jacques est au 2e Commando de France. C'est une unité de parachutistes formée au Maroc.

- Parachutiste ! Toi dans l'aviation !

Ma mère s'effondra.

- Jacques... Mon Jacques...

Sur une chaise, comme crucifiée par mes révélations et douloureusement, elle se mit à pleurer.

- Mes fils... mes chers fils, je les perdrai avant la fin de la guerre, c'est sûr !

- Je t'en prie, le plus dur est fait maintenant. Réjouissons-nous, la guerre, Maman, sera bientôt finie. Regarde, je suis là, embrasse-moi et fêtons mon retour.Tu verras, dans peu de temps, nous serons réunis tous les quatre !

L'aube était naissante. Les premières lueurs du jour éclairaient une montagne de brume qui s'écoulait lentement dans la vallée de la Garonne. Par instant, j'apercevais la tour de la cathédrale qui émergeait du brouillard, puis de nouveau se laissait ensevelir par des bouillonnements de vapeur. À plusieurs reprises, ma mère avait préparé un bon café, comme savent le faire les gens du Nord. Le reste de la nuit, nous l'avons passé tous les trois autour de la table dans cette petite cuisine au plafond bas. J'ai beaucoup parlé. J'ai d'abord raconté nos aventures espagnoles, ensuite mes étapes au Maroc, en Algérie et en Sardaigne. Tout en parlant, je dévisageais mes parents. Leurs souffrances se lisaient sur leurs traits marqués. Dans leurs rides. Dans leurs cheveux gris. Malgré ma présence, l'expression de leur visage restait profondément triste. Leur faible sourire vacillait parfois et s'estompait rapidement. Souvent, ma mère prenait ma main et la serrait pour avoir la certitude de ne pas vivre une illusion.

Mon père me regardait en plissant ses yeux derrière ses lunettes. Je sentais chez lui comme une certaine fierté, une légitime admiration. Son fils était revenu fort, en soldat. Après avoir fui l'occupant, il revenait, incorporé dans l'armée victorieuse. Je suis certain qu'il avait dû souffrir de cette séparation, de l'incertitude de notre sort. Mais, cette nuit-là, en me regardant, il semblait me dire : « Je suis fier, tu as fait le bon choix ! »

Je relevai à ce propos dans son journal intime ce qui suit

« DIMANCHE 15 OCTOBRE… 22 heures.

Que d'émotion cette nuit! Réveil par des petits cailloux lancés dans les volets. C'était Louis-Marie que Notre-Dame de la Treille nous envoyait. Ce soir, j'ai encore la gorge serrée en pensant à ce retour que nous avons tant souhaité. Nous pensons maintenant tous les trois à Jacques, et nous aspirons tous à le revoir. Que de questions nous avons posées à notre fils, comme nous avons été trompés par eux lors de leur séjour en Espagne, nous qui, à travers leur message, les croyions en bonne santé, n'ayant besoin de rien, alors qu'ils étaient mal traités et malades. Enfin, tout cela est du passé… Comme nous sommes heureux d'écouter notre fils raconter ses aventures ! »

Le lendemain matin, ma mère comme à l'accoutumée, partit au-devant du facteur. De la terrasse, je l'observais. Je la vis remonter presque en courant les marches du grand escalier, serrant contre elle une lettre. Elle semblait très agitée. Quand elle rencontra mon regard, elle se mit à crier :

- Une lettre de Jacques… J'ai une lettre de Jacques!

Que d'émotions encore pour mes parents à la lecture de cette missive écrite à la hâte et postée à Dijon!

« Suis hospitalisé. N'ayez pas d'inquiétude sur mon sort, je vais m'en tirer. Je serai évacué prochainement sur Toulouse. Lettre suit. »

Jacques

*

Nous avons dû attendre le 8 mars 1945 pour être enfin réunis tous les quatre. Ce jour-là, il faisait un temps superbe sur Agen. Dans son journal, mon père inscrivait :

« Nous sommes infiniment heureux d'être enfin rassemblés, si cela pouvait durer toujours, que la guerre finisse... »

Ce jour-là, les Américains franchissaient le Rhin…

J'ai écrit ces lignes pour que l'on se souvienne de ces jours difficiles, vécus différemment par les parents et les enfants soudainement séparés par les événements de la guerre. Ainsi que pour tous ceux qui, de par le monde, souffrent encore aujourd'hui de la séparation.

Enfin, pour mes enfants et mes petits-enfants, pour qu'ils retiennent une page rédigée en marge de l'Histoire de la France, avant que s'évanouissent dans le temps, les souvenirs de ces moments de jeunesse !

Ceux-ci s'estompent déjà, comme la fumée bleutée d'un feu de bois d'automne, dans le ciel d'un beau jour finissant.

***

SOMMAIRE

Pages